看当下中国书系

觉悟中国

当今社会问题的深层思考

公方彬　著

中国工人出版社

图书在版编目(CIP)数据

觉悟中国:当今社会问题的深层思考 / 公方彬著;
—北京:中国工人出版社,2012.12
ISBN 978-7-5008-5383-1

Ⅰ.①觉… Ⅱ.①公… Ⅲ.①社会问题—研究—中国
Ⅳ.①D669

中国版本图书馆 CIP 数据核字(2012)第 287389 号

觉悟中国:当今社会问题的深层思考

出 版 人	李庆堂
责任编辑	姚 远 左 鹏
责任校对	孙乃伟
责任印刷	马东旭
出版发行	中国工人出版社(北京市东城区鼓楼外大街 45 号 邮编:100120)
网 址	http://www.wp-china.com
电 话	010-62350006(总编室) 010-62382916(职工教育分社) 010-82075964(传真)
发行热线	010-62005996 82075964(传真)
读者服务	010-62389465
经 销	各地书店
印 刷	化学工业出版社印刷厂
开 本	710 毫米×1000 毫米 1/16
印 张	14.125
字 数	180 千
版 次	2012 年 12 月第 1 版 2013 年 8 月第 3 次印刷
定 价	32.00 元

序　言

童世平

公方彬是我在国防大学担任政委时由军事科学院调入国防大学的。2008 年初的一天，许志功副校长对我说，公方彬有意到国防大学工作。我感到方彬是从事政治工作研究的难得的人才，调入国防大学无疑是对教研力量的加强，于是立即与喜斌校长沟通，明确表示欢迎，并要求干部部长找公方彬征求意见，尽快办。方彬调到国防大学后，很快适应新的岗位要求，融入学校的教研队伍，他的教学科研能力得到了学校上下的充分肯定和认可。

我离开国防大学后，方彬靠自己的不懈努力和取得的丰硕教学科研成果，被确定为全军首批创新人才培养对象。按规定凡被确定的对象要有两名签约导师。因我曾任国防大学政委，我们彼此很熟，他就提出请我和亚洲政委当签约导师。亚洲政委是学者型领导，当导师名副其实，而我当导师则勉为其难了。但考虑到方彬正式提出，而且十分恳切真诚，我应允了，这样我们就建立起“师生关系”了。年初，方彬对我说，今年有两本书要出版，希望我和亚洲政委分别作序，我答应了。

与方彬相识已有 20 多年了。我在海军宣传部工作时，有一天，一个带着尉官肩牌的青年军官到机关看我，并作了自我介绍，还送我他出版的著作，这是我们的第一次见面。尽管我知道公方彬同志是上个世纪80年代初全军宣传的基层政治工作典型，是从研究基层思想政治工作起步和成长的，但交谈后特别是翻阅了他的著作，我感到这是一位勤于研读、思想敏锐、活跃，知识功底厚实、善于探索思考的年轻人。有一次我应邀参加总政关于《军队政治工作条例》修改座谈会，短暂的休息时间，作为课题组成员的方彬热情与我交谈，了解部队情况，并对他关注和研究的问题谈了自己的看法，这进一步增强了我对他的良好印象。后来在我任南海舰队政委期间，舰队请他作政工条例学习辅导，那一天恰好是海军舰艇编队首次访港归来，机关安排我和司令员到码头迎接，听课出现了时间上的冲突。为此我让机关的同志预告方彬，课间我和司令员可能要提前退场，后因舰艇编队靠码头时间推迟，我和司令把课听完。这一次，方彬的理论水平、思维层次和授课能力给我留下了深刻印象。他讲课辅导的最大特点是注重贴近实际，勇于正视热点、难点问题，表明自己的观点和看法，确能起到破解难题，释疑解惑的作用。

方彬告诉我，调入国防大学后，主要忙于课堂授课，已有几年没有出书了，目前积累了几百万字的书稿，准备陆续整理出版，《觉悟中国——当今社会问题的深层思考》是计划中的第一本。翻阅书稿方知，这是一本围绕当下社会热点问题特别是道德问题、主要以答问形式阐述的著作。作者先期出版这本集子，是个好的选择。道德问题是当前社会上下普遍关注的问题，也是理论界、学术界重点研究、争论颇多的问题。方彬把自己对这个问题多年研究的成果展现在社会公众面前，其社会价值和社会意义就很大了。我还想特别指出的是，方彬在道德问题研究上有很强的自信和说服力。这不仅因为他多年来对这个问题有深入的研究思考和很深的理论积淀，还因为他自己就是言行一致，堪称社会主义道德的模范践行者，做了许多人不易做到的事：

多年来资助贫困学生读书，拿出120万元的稿费、讲课费和工资资助623名学生读书，考上大学343名……这些数字中至少反映出他拥有源自灵魂的对真善美的强烈追求，自己的践行就能产生对道德作用的正确认识和把握，对道德理论的深入探寻和思考，从而增强引导力、感染力、说服力。这就是为什么方彬到中央国家机关、大学、部队作报告上千场，直接听众百万人次，也作过许多电视报告、网络视频演讲，谈及道德问题总能产生强烈的反响和共鸣，让人触摸到真诚、真情、真挚的内在原因。凡是研究精神或道德领域的著作，凡是真正出自作者心灵深处的呼唤和情感，就会给读者带来同频共振，产生持久的生命力。

方彬的研究领域比较宽，《觉悟中国——当今社会问题的深层思考》涉及的内容只是其关注和研究内容的一部分，从中已经展现出其观察的视角和研究的特点。近些年来，方彬向中央和军委总部提交了80多项内参和研究报告，就我在总政和国防大学工作期间就看到其研究报告和建议有五、六十项，这些建议都能给人启发和思考，其中不少建议被采纳，进入决策。比如在本书中一再提及的中华民族的核心价值观、中国共产党的核心价值观、军人核心价值观，就是他长达十年研究的重要成果，核心价值观已经是当下理论和实践领域的重大命题。这也反映了方彬对现实问题的把握能力和思考的敏锐性、前瞻性。此外，他还参加北京精神的提炼与宣传，与中科院院士怀进鹏、文化学者于丹、阎崇年一起在北京精神发布现场作的解读也受到好评。仅就本书所研究的内容看，许多见解和分析有独到之处，比如，农业文明基础上形成的伦理道德在进入工业文明、信息文明后遇到的不适应，传统的“五伦”道德与西方“六伦”道德的差异和根源，私德与公德问题，宗教支撑的道德与政治信仰支撑的道德的差异与走向等，都能引发人们深入的思考。本书采用答问的方式进行阐述，更适用于与读者的交流。

我衷心希望方彬能在积极研究探索的基础上不断产生更多富有社会价值的研究成果。希望这部作品能受到广大读者的欢迎。

2012 年 9 月

注：本序作者为解放军总政治部副主任兼军委纪委书记、海军上将。

目　录

不是你错了，而一定是这个社会出了问题。”

腐败现象触及的更根本问题是机制不完善。

解决腐败问题的根本出路是健全制度，以制度限制后来者重蹈覆辙。除了整治处理好已经发生的腐败案件，重要的是用制度、用机制防堵后来者。

有了制度还必须有道德作保证。

保证我们民族血脉不断的主要动力，来自于对文化的认知。

一个民族成熟的标志是宠辱不惊，是理性地判断自己，尤其是在鲜花掌声中理性地看待和评价自己。没有文化上的独立性，一味地模仿别人，永远都谈不上民族的独立和民族的成熟。

科学研究的功利之心，远大于由于科学发现而产生的激动，是影响民族创新的重要因素。怀旧意识和权威心态，是某些中国人文化心理的重要表现，也限制了创新意识和创新能力的培养。

中国欲立于世界强国之林，务必要走出“安乐窝”，勇

01

第一章 叩问我们的道德底线

中华民族是一个极重道德的民族，为什么当今出现了精神世界的紊乱，存在着一定程度的信仰失重、行为失规、道德失范、心理失衡?

关键之一是失去了方向感，不知道什么是我们的价值追求，精神找不到归宿。根源于当前还没有形成完整的、全民族秉承的价值导论。

1. 道德的约束和坚持道德底线为什么如此重要?

我们在社会中生活，要追求更高的人生境界，要享受更深切的心理愉悦，正确的道德观与道德底线的坚持非常重要。即便是一个普通的没有更高目标追求的人，要获得美好的人生，真正享受到生活的充实与意义，道德观与道德底线也同样是重要的。

自然的人成为社会的人，最显著的标志不完全是能力的提高，还应当包括道德水准的改变。就个体的人而言，要想有所成就，必须德才兼备。德和才乃鸟之两翼，车之两轮，缺一不可。一个人有了才，并不意味着必定有德。德是靠长期的修养积累而成。对社会来讲，缺少了信仰的凝聚和道德的约束，社会将走向混乱，并带来民族精神的缺失。

重视道德情操，可以说古今中外皆如此。早在春秋时期，孔子就提出过恭、宽、信、敏、惠、智、勇、忠、恕。古希腊哲学家柏拉图也提出过“智慧、勇敢、节制、公正”之“希腊四德”。到了今天，我们又在《公民道德建设实施纲要》中提出了“爱国守法，明礼诚信，团结友善，勤俭自强，敬业奉献”。所有这些，除了显示了道德情操的重要，还要求我们思考自己修养道德的发展方向。

道德情操究竟有多么重要，可以从这样一封信中显现出来。“臣在幽禁之中无所指望，惟有借回顾往事排遣愁怀。痛苦之际，往往思忖……昔日辱承陛下洪恩，得效犬马之劳，实三生有幸。”“无限仁慈的皇上，臣深信将有奇迹出现，更相信必能获得陛下恩赦。”“臣在盛衰荣辱之际……祈求上苍感动陛下博大的胸怀，对臣大发恻隐之心，免于革除臣之官籍……臣谨以无限谦恭之忱。求陛下容臣以下列恳切的言词结束这一奏章：亲爱的皇上和主公，请拯救臣，怜悯臣；譬如臣往日力能荷一包袱，于此迟暮之年，幸勿强臣负一行囊；臣原希望为求知而生，幸勿令臣为自下生存而费心机……愿上苍永远祝福和保佑陛下，使陛下万事昌盛。”从这封信中，我们可以看到一个乞怜者的形象，然而谁又能想到，这样一封信却是世界著名的唯物主义哲学家弗兰西斯·培根所写？培根出身望族，很有才气，23 岁就进入英国下议院担任议员，先后任国王詹姆士一世掌玺大臣、英国大法官，还被封为子爵，最终却因受贿而进监狱。出狱后，他潜心于学术，写出了大量的影响欧洲乃至世界的哲学著作，被马克思和恩格斯称为“英国唯物主义和整个现代实验科学的真正始祖”。他身上体现的双重性，完全说明德和才不是必然同步的，只有注重修养自己，才能保证在有了才的情况下会修养好品德。

从人类发展历史看，道德的力量从来都是巨大的，美国总统华盛顿的行为就充分证明了这一点。美国独立战争结束后，战功卓著的华盛顿解散军队，托运行李，决定回故乡蒙梵侬庄园去，行前向国会交权。交权的仪式和所讲的话，都永远地写进了历史。仪式开始，备受民众推崇的华盛顿站起来，“以鞠躬礼表示国家的武装力量对文官政府的服从”，议员们“只需手触帽檐还礼，而不必鞠躬”。

华盛顿完全接受了杰弗逊为他设计的仪式，反映了他道德情操的高尚。但相比较来看，他的简短讲话更具有感染力。他说："现在，我已经完成了国家赋予我的使命，我将退出这个伟大的舞台，并且向庄严的国会告别。在它的命令之下，我奋战已久。我谨在此交此委任并辞去我所有的公职。"当然，功勋卓著而又道德情操高尚者自然会备受肯定。议长讲道："你在这块土地上捍卫了自由的理念，为受伤害和被压迫的人们树立了典范。你将带着同胞们的祝福退出这个伟大的舞台。但是，你的道德力量并没有随着你的军职一起消失，它将激励子孙后代。"后来的事实完全证明了这一点，华盛顿不仅赢得了美国人民的尊敬，也赢得了世界人民的赞誉。所以思想家爱默生这样说：谁生活在一个更高的思想境界中，我们就把谁看作伟人。

对大众而言，脱离利益谈道德修养，的确过于脱俗。但是，对于道德先行者或是追求理念与信仰的人来说，不会把利益置于过重的地位。古人曾作过一副对联，上联是"柴米油盐酱醋茶除却神仙少不得"，下联是"孝悌忠信礼义廉无有铜钱可做来"。这实际是告诉人们，绝对离不开的东西，你必须拥有，但满足了生活必需之后，就应追求道德品质的提升。所以说，过重地看待利益，或者脱离基本的利益谈道德修养，都不是客观和辩证的。

这里还需要特别说明的是，虽然我们强调道德情操高尚的重要，但并不是在兜售绝对的道德。当一个人的道德感达到了绝对，到了足以脱离尘世的程度，是没有任何社会价值可言的，唯一的作用是满足自己的精神需要，因为这时追求的一切，都不过是一种自我精神安慰。就一个社会而言也是这样，当崇尚和塑造的道德规范被绝对到了大众难以企及的程度后，社会榜样只能被供起来，作为顶礼膜拜的对象，而非现世的参照和学习标准。神圣化了的道德，可以把人感动得热泪盈眶，却未必适合人去学习。它可以触及人的情感世界，却未必会触及人的理性世界。毕竟，人是不应生活于理想化的世界中的。由此而言，道德典型不应自我神圣化，我们的社会教育同样不要把教育内容虚幻化。

2. 为什么当今社会道德水平难以得到提高?

总体来看，我们民族至今仍然没有形成成熟而又稳定的道德价值观，人们持有的更多的是具有浓厚封建色彩的“胜者王侯，败者贼”的价值评判标准。这种缺少基本标准、功利思想过于浓厚的道德价值观，显然难以支撑起一个民族道德与精神世界。

大家都知道当今社会缺乏良好的道德观，也认同社会需要道德，为什么道德水平却难以得到提高呢?

原因至少是三个方面：

一是社会转型期的道德价值观出现了紊乱，人们认定并追求某种道德观念走了很久后，到头来却被告知属于非道德的；

二是我们尽管认同基本的道德理念，但在过程中没有重视基本的道德修养，常常是把道德标准树立得很高，而这种标准在多数情况下或对于大多数人而言又不是轻易能够实现的，实现不了必然出现扭曲，久而久之反而让人忘却或忽略了道德本身；

三是长期以来我们的教育往往是“离天近，离地远”，这就导致了受教育者在宣扬道德过程中往往是律人不律己。

3. 讲道德的民族为何道德不彰？

中华民族是一个重道德的民族，道德教化几乎与民族文字史相伴。特别是自汉武帝罢黜百家独尊儒术后，道德更是上升到经世治国的高度，比如强调“修身、齐家、治国，平天下”，认定“礼义廉耻，国之四维，四维不张，国乃灭亡”，甚至中央官僚机构所设六部，一直是将礼部置于兵部、刑部、工部之前，足显礼仪道德之重要。

中华民族重道德的特点，在与西方社会作出比较后将更加清楚。以大学的校训为例，重道德和求真理是中国与西方的主要区别。先看中国大学的校训：清华大学是“自强不息，厚德载物”；北京航空航天大学是“德才兼备，知行合一”；北京师范大学是“学为人师，行为世范”；东南大学是“止于至善”；扬州大学是“养天地正气，法古今完人”。再看西方大学的校训：美国哈佛大学是“与柏拉图为友，与亚里士多德为友，更要与真理为友”；耶鲁大学是“光明、真理”；斯坦福大学是“自由之风飘荡”；堪萨斯州立大学是“谨守大自然的法则”；柏林自由大学是“真理、正义、自由”……

重道德是否收获了道德？现实给了我们否定的答案。有位大学教授在给大学生作报告时，首先提出一个问题：“当今社会缺什么？”学生齐声回答：“缺德！”有人形容，“现在除了母亲不是假的，其他都是假的”。还有人说，“现在什么都是假的，只有骗子是真的”。此类说辞虽有些极端，但道德不彰却是一个不争的现实。其实，这并不是今天才出现的问题，早在70多年前，国学大师胡适先生就讲过，中国人存在三大毛病：缺少爱心、恻隐之心，不能见义勇为，贪生怕死。为什么讲道德讲了两千年，仍然难以形成普遍的道德呢？原因是多方面的，其中很重要的一点是儒家文化在倡导道德的同时抑制和扭曲着道德。

第一，儒家文化所维护的等级制度，本质上是一种抑制道德生长的制度。道德赖以产生和存续的基础是人与人的平等，没有平等便不存在人格尊严，进而不会产生维护道德的冲动。没有了道德张扬的内驱力，道德成长的基础便不复存在。儒家文化最重要的特质，就是强调以皇权为中心的等级制度。中华民族封建史从来都没有实现过人与人的平等。尤其是汉武帝在嵩山制造了“山呼万岁”的神话后，整个民族便跪下了，一次次下跪，一次次强化，终于使一个民族成了仰视权威的顺民。没有了独立人格和独立思考，不可能存在对道德的珍惜和追求。

第二，儒家文化所强调的道德是一种有限的道德，同时因取向有失偏颇而使道德存在缺陷。中国封建时期所推行的道德，很难认定为普世的道德，亦很难说是一种能够满足人的灵魂需要、提供精神归宿的道德，因为确立道德的目的仅仅是为了维护封建统治。既然是以帝王需要为着眼点和道德标准，便不会产生博爱。没有博爱，道德张扬的空间必然变得很狭小。梁启超在反思中国传统文化时就说过，中国人“无高尚之目的”，没有高尚的目的，难免会堕入庸俗化和功利化。为什么时至今日我们的话语体系中仍然充斥着“搞定”、“摆平”、“操作”等大量扭曲公德的词汇？为什么我们习惯于

“法外求法”，不遵循规矩，并且形成了严重的贿赂心理、灰暗心理？原因即在于此。

此外，在道德取向上，儒家文化更突出的是私德，对公德没有给予足够的重视。私德包括勤奋、俭约、孝敬等，公德则包括爱人、互助、宽容、守信等。以元代大戏剧家关汉卿的名剧《窦娥冤》为例，窦娥临死之前发了三个愿：“血飞白练，六月雪天，楚州亢旱”。她希望通过大旱饿死成千上万的人震惊皇上给她申冤。同时她又很关心家人，要求上刑场之时绕道走，避免婆婆看到会伤心。人们都为窦娥而感动，认定其所为符合道德。这种价值判断中显然是默认了为成就私德而牺牲公德。

第三，儒家文化在推行道德过程中走的是力量道德的道路，而未能调动大众作灵魂深处的自我救赎，以成就道德的力量。儒家文化是一种入世的哲学，以功利为目的，这就决定着其推行和强调的道德是贴标签式的道德，推行过程中强调借助皇权，因此这种道德只能是力量的道德而非道德的力量。

既然不是由灵魂深处迸发并外显的道德，一旦推行道德的力量弱化，或者朝代更替、社会转型，都可能使原有的道德弱化，甚至是紊乱。这一点与西方的道德实现有着很大的区别。有人讲，西方的文明有两个基本源头，一个是古希腊文明，另一个是基督教文化。还有人说，科学解决的是真，宗教解决的是善，艺术解决的是美。两种说法共同告诉我们一个极其重要的道理，道德实现必须从人的灵魂深处产生，追求人性的自觉，强调人自灵魂深处产生怜悯和博爱。这种不加强制的自我发现和张扬的过程，更能使道德维持长久。或许有人会说，自晋代起，佛教就传入中国，且还有本土的道教，中国人不应当缺少灵魂的自我救赎。实际上，佛教进中国后不久便被儒家化，沦为了维护封建统治的工具。为什么说“临时抱佛脚”，就是因为儒家文化功利思想的影响。

在进入21世纪的今天，在经济全球化和贸易自由化浪潮的冲击下，特别是在社会结构和价值观念已经发生了根本变化的特定社会环境中，仅仅试图到儒家文化或者说到国学中寻求道德力量和道德出路，以实现一个民族道德的觉醒，最终站立于人类道德的制高点，几乎是不可能的。

4. 今天为什么出现了严重的道德缺失和价值观紊乱？

曾看到过一篇报道：湖北襄樊“5名贫困大学生因受助不感恩被取消受助资格”，由此引起了人们对诚信问题的讨论。层出不穷的类似事件，凸显着我们社会的道德缺失，也引起了我们的思考：一个重道德的民族，为什么出现了严重的道德缺失？如何才能走出误区？

我们的社会目前的确存在着一定程度的信仰失重、行为失规、道德失范、心理失衡。根源在于不知道什么是我们的价值追求，失去了方向感，精神找不到归宿。

前几年，一家媒体曾对北京几所著名高校的学生进行相关问题的问卷调查，93%的人认为自己没有信仰。一段时间以来，许多人在“远离崇高”的价值取向下，到虚拟的网络世界里一任情感放纵，甚至把那些原本矗立于我们心中的精神雕像拿出来揉碾，似乎非此不足以发现自我。问题是，在我们畅快于“我骂你了，怎么着”时，在欢呼平民时代来临之时，有一天却发现，由于价值观出现紊乱，精神领域失去了厚重和崇高感，失去值得仰视的东西，必然使一些人的心理出现扭曲。

应当说中华民族是一个极重道德的民族，新中国成立后，我们又特别重视政治思想教育，为什么还出现了精神世界的紊乱呢？关键之一是当前还没有完全形成一种全民族秉承的永恒不变的精神支撑，没有形成自己的核心价值观。中华民族是一个重精神权威的民族，自孔孟思想成为社会的主流价值观，便走上了构筑以皇权为核心，以等级秩序为特征的道路，形成了维系封建统治两千年，并且与政治和社会特征相适应的核心价值体系。

从现实社会来看，这种以儒家文化为基础，产生于小农经济基础上的核心价值观，在世界进入信息时代，知识经济主导社会的情况下，有些已经不相适应。社会的演进必然要求打破旧的、建立新的核心价值观。

自辛亥革命开始，中国进入了打破精神权威的轮回，并且这个打破一直持续了一百多年。新中国成立后，我们党的革命理论必然肩负起消除封建思想的重任。诚然，破是必要的，然而历经十年浩劫，破精神权威更是进入极端，在“斗争”的哲学下，人们对历史的敬畏没有了，对自然的敬畏没有了，甚至对生命的敬畏也没有……当固有的价值体系被一次次文化和政治运动所打破，当该打破的和不该打破的都被打破，新的价值体系尚未建立起来时，一段时间里必然出现价值观的紊乱。

一般来说，社会的进步是建立于对旧事物的打破，正所谓不破不立，尤其是随着人类文明的演进，许多建立于农业文明或者建立于封建体制基础上的精神权威必须打破，这符合历史发展的潮流。问题在于打破什么，如何打破，是打破腐朽，还是打破一切，这中间存在着巨大的差异。以对文化古迹的保护为例，为什么要付出很大的代价去保护断壁残垣？拆除旧的建设新的不是更好吗？不能！因为切断血脉，人的心理无法承受；因为模仿的结果只能使历史和文化失去根；失去有形的载体，人类的精神和灵魂便失去寄托，矛盾和问题便不断产生出来，社会无以实现和谐。所以，当该打破的和不该打破的都打破了后，我们的心灵不可避免地化作一叶失去压舱石的扁舟，漂浮于暗流涌动的大海上，自己亦不知还能走出多远。这是我们今天为什么出现了道德缺失，精神世界紊乱的主要原因之一。

核心价值观是一个民族、一个集团或单个人长期秉承的一整套根本原则。它从深层次稳定而又恒久地影响着个体或群体的思想观念与价值取向。当一种最根本的价值体系确立起来后，全社会共同遵循的约定才会形成，大众的价值取向和行为准则才拥有了坐标。当今社会已经进入多元价值观并存的时代，这是我们社会的一大进步。

强调核心价值观是否意味着压缩其他的价值观存在的空间？一个社会要保证和谐，并不仅仅体现于对多元价值观的宽容，强调核心价值观并不意味着消除其他价值观。正是由于处于多元价值观并存的时代，决定了需要确立核心价值。只有确立科学而又稳定的核心价值观，才能避免因多元相互冲撞而导致精神世界的紊乱，才能在多元价值观中塑造主流精神。或者说，核心价值观的形成和确立，是保证大众有一个共同的约定，保证单个的人不因思想误区而背离社会和历史总趋向。倘若大众对国家和社会的认同程度，及其对未来的期待与追求目标差异过大，那么这种多元可能会带来紊乱和无序，更无以实现社会的和谐，无以实现中国与世界的和谐，甚至不能实现人与自然的和谐。

5. 我们在道德教育和道德典型宣扬上存在什么问题?

最大的问题在于把鲜活的内容变得模式化、僵化了，比如雷锋在人们的心目中一度丧失了原本的鲜活，而仅仅是“做好事”的代名词或抽象物。在我们的社会中，甚至一度出现了如果不提雷锋精神与雷锋道德价值观，则不知该如何界定和倡导社会道德观念与价值观，离开了学雷锋，似乎就失去了道德追求上的方向感。

我们要承认，雷锋精神包含着中华民族的传统美德，包含着共产党倡导的道德价值观，的确值得人们好好学习。然而事物就是如此，一旦由鲜活变为僵化，其结果往往与初衷相背，甚至造成异化。就人性而言，其所以发展到今天，必然有人性中的美好存在。人可以学习，可以感知，也可以省悟一些人生与社会的道德，尽管这种方式产生的道德理念未必系统或科学，却一定能够影响和界定自己的行为。但假如简单地强调社会大众所有美好行为的产生，都是源于学雷锋的结果，必然使鲜活的东西变得僵化，失去应有的色彩与可感性。我们的一些宣传报道，把雷锋精神过于抽象化、模式化，使人们头脑中反映出来的不是一个鲜活可感的雷锋，而是一个僵化的雷锋。雷锋之所以成长起来，难道不是当时社会风气作用的结果？难道不是他受以前的先进者的思想和行为影响的结果？为了突出美化、纯粹化一个人，而不惜淡化原本的东西，最终只能使雷锋成为神而不是人，可敬而不可亲、不可学，结果也就使雷锋精神变得口惠而实不至。

类似这样的问题正在引起有识之士的重视。如今，雷锋精神的宣传开始逐渐与人们的实际生活结合起来，真情实感多了，空洞说教少了，为的都是改变雷锋精神“三月来四月走”的状况。

我们以往宣传的先进典型起了巨大的社会作用，但到了知识经济时代，人们的价值观念在变化，要塑造一种良好的社会形象，推出的代表人物必须与时代相吻合，否则，给人的感觉可能还是处在几十年前。在多元的社会，力求通过一个英雄影响全社会的情况已经不复存在，这也给我们英雄观的研究提出了新的要求。

6. 做好事是否可作为判断人思想境界的标准?

把做好事视作一个人修养身心的过程和形式，是可行而正确的。但如果作为一种判断其思想境界的标准，则有失偏颇，其结果难免会造就出一批“作秀”者。

一个人只有把帮助别人上升为人生理念，成为一种内在精神的外化，才会变得自觉。一个人只有在帮助别人的过程中产生获益感、幸福感，才能保证持久不懈地进行下去。也就是说，只有无意识中做了许多好事，才算是境界提升和理念支配的结果。就一个社会而言，大家并没有刻意做好事，实际上人人却都从日常生活中受到他人的帮助，这个社会才算是真正走向文明和进步。有人演绎过这样一个说法。一位小学老师问学生：“你今天做了好事没有?”学生回答：“做了，我和小朋友一起帮一个老奶奶过马路。”老师说：“很好。”学生补充说：“不过，那个老奶奶根本不想过马路，是我们硬把她送过去的。”倘若现实生活中出现类似的事情，就异化了学雷锋做好事的本质意义和价值。

从大众层面而言，如果一个社会的道德体系不是以大众成熟的理念和行为上的自觉来支撑，而是以是否积极主动地去做好事来支撑，就必然造成误导。这种行为从表面上看，是在提升民众的道德水平，实际上却往往使他们不能承担应履行的道德义务。因为这种思维方式有可能让一个人做了好事，而让更多的人借机占了便宜；或者大众都站在局外，对那些应由每一个公民承担的社会义务漠然视之，丧失起码的履行道德义务的热情，同时却殷殷期待着道德楷模们把所有公益事务都承担起来。这种扭曲和异化的结果，不可能导致社会的文明与进步，不可能导致社会大众道德与精神境界的提升。事实上，道德只有化为纯洁，只有追求理念而非追求功利，才能保证符合其发展的固有规律。

假如一个人帮助他人是为了被帮助者的回报，最好不去做，因为两种结局都不会很好。具体来看，如果得不到回报，就会产生痛苦感，实际上这种情况又是普遍的，因为人最易于忘却的是恩情，最不易忘记的是仇恨；如果得到了回报，一方面你在帮助别人的过程中，已经让人背上了沉重的道德十字架，不回报你的帮助会受到良心和社会公德的谴责。另一方面，如果受助者所做的仅仅是回报帮助过自己的人，那么这个社会的爱与互助永远是一根得不到延续的链条。

帮助者与被帮助者之间的最佳状态应当是：帮助别人者要视自己的善行为承担的责任和应完成的任务，同时在帮助他人的过程中使自己的道德境界得到了提升，因而自己也是受益者，并且不会被受助者的行为走向所左右。作为被帮助者，则从他人的行为中感受到人间的真情和美好，待到自己有力量之时，会从以前所获取的感受中确立自己的人生价值观，并指导自己的行为。只有这样，互助互爱的蛋糕才会做大，道德的链条才不会断裂，这个社会人与人之间的关系才算真正走向成熟和美好。

只要我们稍加注意就会发现，生活中的美很容易凝练。但如果将其抽象为众人顶礼膜拜的道德标准，就很难再回归生活。也就是说，道德楷模一旦进入社会公众层面，在某一场合宣讲出来，完全可以把大众感动得热泪盈眶；但感动过后，人们往往难以做到反躬自省，把楷模们的行为内化为自己的道德标准和行为参照。换句话说，我们每个人都可以对腐败同仇敌忾，但进入生活中，每个人又都可能成为丑恶行径的助推器。比如，当媒体披露某人被歹徒伤害或被汽车撞伤后，许多人是围观而非伸出援手，大众往往因此而义愤填膺，并痛斥围观者的麻木和缺乏做人的基本道德，然而，一旦自己真正面对这样的情形，又往往成为看客，并且感到自己的所作所为十分正常，还可以讲出一大堆貌似正确的理由来说服自己。所以，真正提升我们社会整体道德水准，还要寄希望于整个社会文明程度的普遍提高。

7. 为什么要把做好事都装进雷锋精神的“筐”？

有人提出疑问：做好事原本是件很简单的事，我们助人为乐的时候根本没想到雷锋，为什么还非要把这些都装进雷锋精神的“筐”？“雷锋精神”早就不是雷锋自己的“精神”了吧？

其实，人们在做好事时可能没有直接想到雷锋，但并不意味着雷锋精神没有产生作用。人在现实性上是一切关系的总和，我们无法超越现实。我们坚守的那些看似是自我修养而成的价值观念和精神空间，从根本上说是环境影响乃至改造的结果。所以，每一代人都打上了他所生活的那个时代的烙印，而单个人又打上了现实社会的烙印。比如在过去很多激情燃烧的岁月中，每个人都随时随地受到环境氛围的影响，从而导致话语系统和行为方式富有时代特色，道理就在这里。有没有人超越现实和环境呢？有，但一定是极为罕见的。

实际上，英雄模范树立起来，已经包含了时代的价值观，甚至可以说呼应了我们灵魂深处对高尚的期望。上升到民族层次的英雄模范，是极罕见的一部分人。他们一定程度上超越了自我，特别是其精神超越了时代，具备了承载国家、民族或者集团精神的功能。从我们自身的精神需求来讲，无论多么成熟和理性，内心深处却仍然在追求一种让灵魂有所归宿的东西。真正有信仰的人，总是将伟大而高尚的人作为自己的追求和归宿。

什么是英雄模范？英雄模范是主流社会借助的诠释某种精神的载体。包括雷锋在内的一个个英雄模范，就是国家和民族发展过程中借助的导引社会的载体。

雷锋精神是中华民族传统美德与中国共产党全心全意为人民服务的核心价值观的集中反映和完美体现，是国家和民族优秀精神品德的结晶，拥有广阔丰富的发展空间。

雷锋是一个符号、一个标志，甚至铸就了一个精神高地；他已经存在于中华民族的历史，他的精神已注入中华民族的血脉。

雷锋精神产生于一元价值观的基础之上，所以能够影响所有人。今天这样的多元时代，再想产生一个能够影响多种价值观的人，让一个英模征服一代人甚至几代人，是不太容易了。

但宣传雷锋精神对我们这个社会具有现实意义，因为我们是在用逝去的英雄教育活着的人，在这种情况下，我们可以问一问，还有必要打破他吗？有思想家曾经说过，一个没有英雄的民族是可悲的民族，有了英雄不珍惜更可悲。把矗立于灵魂中的雕像一个个摧毁，最后收获的只能是虚无，是精神的蜕变。任何英雄都有其历史局限性，解决这种局限，不可缺少的是维护，这需要情感。华盛顿之所以在美国近乎被神化，就是主流社会一直在大加推动。

呵护雷锋，将其精神常态化，是我们的责任，也是我们寻找精神归宿的必然要求。对此，我们应当真诚地认同，而不是搞虚无主义。因为你打破一切之后，只不过是为了给自己的低俗寻找依据和理由，而不会让你感到更充实。

如果我们希望有一种高尚和伟大矗立于灵魂深处，让心灵更加丰富，如果我们认为没有比雷锋精神更能升华我们的灵魂与思想，那么，就让我们继续向雷锋精神这个“筐”里注入时代元素，将雷锋精神时代化，永续其生命力！

8. 重提“学雷锋”，还要不要学做一颗永不生锈的螺丝钉？

“做一颗永不生锈的螺丝钉”曾经是雷锋精神最令人感佩的闪光点之一，然而现在的年轻一代似乎对“螺丝钉”精神不太感冒。至于“一块砖任党搬”的说法，就更被他们认为不仅过时，而且意味着“奴性”和对“个性”的扼杀。半个世纪之后我们重提“学雷锋”，还要不要学做一颗永不生锈的螺丝钉呢？

有些人对这个问题产生困惑，缘于他们认为学雷锋是满足了党和社会对他的需要，满足了外界对他的安排，由此推理认为如果我学了雷锋，就要接受别人对我的安排，我的个性就没有了。

个性张扬是社会的进步。在小平同志百年的时候，香港媒体曾经说了这样一句话：“邓公最大的贡献是教会了国人独立思考。”独立思考才有个性，中国的进步很重要的一点是体现在独立思考、张扬个性上，也就是说我们现在拥有了选择的空间，这是值得肯定的。但是我们也必须看到，按照马克思主义的观点，人实际上是一切社会关系的总和。每一个人都是社会的产物，不可能独立于社会之外，尤其不可能无度地张扬个性，想怎样就怎样，而是一定要受到社会环境左右的。

这一点，不妨借用基督教的一个事例来说明。基督教曾经出现过一个危机，起因是亚当夏娃偷吃智慧果，被逐出伊甸园。这个故事带来了一个悖论：不是说上帝是全知全善全能吗？既然上帝是全知的，就意味着上帝应该知道他们会偷吃智慧果；但是他们还是偷吃了，说明上帝不是全知的啊！如果上帝知道了却没有阻止，那就不是全善的，因为偷吃了智慧果之后，伴随人类的就是原罪，就要一直受苦受难。如果上帝是全善的，就不应该让这一切发生。如果上帝知道，想阻止又没能阻止得了，那就不是全能的。

这个悖论出现之后，神学大师奥古斯丁给出了答案。他说上帝把选择的权利交给了人类，而人类滥用了这个权利，这是人类自身选择的问题。怎么解决这个问题？那就是重回伊甸园，去信仰上帝，消除原罪。

这个故事想说明，不是无度的张扬个性才能享受到张扬个性的乐趣，个性张扬其实是有限的。

雷锋的行为符合他那个时代的社会环境、观念和机制，两者相互吻合一致。正是因为这一点，雷锋身上表现出的美德让人敬仰、让人敬重。今天的社会环境发生了变化，我们不可能把今天拉回那个时代去，完全照雷锋的模式来。毕竟，我们今天已经有了可以张扬个性的空间。但是，我们可以从雷锋适应那个时代当中看到一种规律存在，从他的精神里面获得一种启示：只有适应时代的人才会得到社会的尊重。我们不仅要张扬自己的个性，还要把自己当做一个社会的人存在于社会中。一个社会的人就要与时代发展要求相一致，个性应当是理性的、成熟的。

因此，学习雷锋不仅不会扼杀自己的个性，还会更好地懂得怎么不扼杀自己的个性，更好地处理个性与共性、自己的追求与社会允许范围的关系。

9. 当今社会，“雷锋精神”还有其生长的土壤吗?

有人说，假如雷锋穿越到当下继续助人为乐，境遇恐怕不太妙：到车站主动帮人拿行李，人家不喊抢劫才怪！帮单身妈妈抱孩子，那更不可能，现在谁敢随便把孩子交给陌生人？被拒绝还算好的，要是扶起摔倒老人、救助车祸伤者，反而被人讹上怎么办？那点儿士兵津贴可不够赔。就算这些都没碰上，真让他把好事做成了，一句“炒作”的质疑也会让雷锋很受伤。在眼下这个信任空气如此稀薄的社会，还有“雷锋精神”生长的土壤吗?

要回答这个问题，关键是要弄清雷锋精神包含什么样的精神元素。奉献、敬业、创新、创业，雷锋精神保含的这些精神元素是有强烈现实意义的。以奉献为例，没有人否认这种精神品质是美好的、优良的，即使我们做不到雷锋的程度，也绝对不会怀疑帮助别人或被别人帮助是一种美好。作为一种精神，只要不断挖掘，与时代对接，就能永远存在和有张扬的空间。为什么人们对现实的道德现状不满、怀念雷锋所处的时代?就是因为那个时代优良的道德环境吸引着我们。

我们肯定雷锋精神的同时，也应当承认，每个时代都有每个时代的特征和相应的观念与行为。比如，雷锋的时代讲“一块砖任党搬”，符合当时的社会环境和经济结构，因为那个时候整个经济结构是国有和集体经济，怎么搬都是在一个系统之内。今天我们进入市场经济，社会结构变了，经济结构也变了，就连政府都不能任意去搬这块“砖”，而是要遵从经济规律。社会环境变了，人们的行为也必须与时代相适应。

雷锋精神启示我们，要担负起属于自己的社会责任，重要的是拥有正确的思维方式和思想方法，要以积极的心态对社会作出正确判断。

今天，由于主客观原因，人们过多过重地把视角对准了社会中的阴暗面，影响了价值判断和价值观念，进而丧失了信心。事实上，社会中不是缺少了美好的事物，只是缺少了感悟美好事物的心灵。雷锋的心灵是阳光的，他并不因为社会中存在不完美而放弃努力，同时也不强调社会给了自己什么，而是更关注自己为社会做出了什么。正是这种积极向上的思维方式、思想方法及心态，保证了他的坚定执著。

有了以上的分析，我们可以做两个判断：一是对于任何时代、任何社会、任何国家和民族而言，善和美都是适应的；二是好的行为要和时代对接，把善张扬到最大限度，随着时代的发展而发展。这个发展的过程就是改善“土壤”的过程，就是大众适应和培育这个“土壤”的过程，就是要用“雷锋精神”关照现实，而不是简单照抄。

10. 怎样看待对雷锋精神的质疑?

从历史上看，中国传统政治文化的主流并不鼓励人们思考。新中国成立后，我们党引导人民通过学习学会思考，思想境界得以提升。但相对而言，很多人还是习惯于传统的做法：我说你质疑不是坏现象。我提出你接受就可以了。

这种质疑从中国的发展阶段来讲，第一是进步，第二也只能把它看作一个过程，可以理解，但不能永远质疑下去。改革需要共识，社会也需要共识，不能一切都在质疑之中。没有崇高，没有认同，甚至没有原则的质疑，这个民族就出问题了。

之所以对雷锋质疑多，有两个原因：

一是我们把雷锋放得很高，他触及我们的灵魂世界，是整个社会的一个标杆。我们要学你，你值不值得学呢？既然是标杆，就得经得起质疑。

二是我们社会的道德价值观出现了紊乱。原有的价值体系被打破了，新的还没建立起来，我们正处于道德相对较弱的时期。以低评价高，是什么结果？就是不相信。远离崇高、恶搞英雄，都是精神蜕变过程的外在表现。在整个社会道德氛围不良的情况下，自然会对高尚产生怀疑。

11. 都知道了雷锋是谁，是否就可以拯救道德?

曾经在媒体上看到过这样的报道："很多小学生不知道雷锋是谁，中国的道德状况堪忧！"由此我们提出一个更深层次的问题：是不是都知道了雷锋是谁，我们的社会就道德了？

尽管雷锋精神充分体现了中华民族的传统美德，但我们也应该客观地看到，雷锋及其精神的推出，有着当时的政治时代背景。周恩来就将雷锋精神概括为："爱憎分明的阶级立场，言行一致的革命精神，公而忘私的共产主义风格，奋不顾身的无产阶级斗志。"这就是说，最早雷锋精神的主色调既有善的特征，还有阶级斗争的色彩。改革开放后，随着社会转型，极"左"思想退潮，阶级斗争不再是社会的主要矛盾，在市场经济的大潮之中，追逐利益成了主旋律，没有多少人愿意谈雷锋，正所谓"雷锋叔叔不在了！"当社会公德每况愈下时，人们怀念并呼唤雷锋年代的某些道德闪光点，于是雷锋身上那些长期处于阶段斗争影子里的善，那些本我的优秀品格，开始得到挖掘和丰富，使之成为全社会的道德楷模。从这样一个过程看，我们没有理由用近乎霸道的要求让所有小学生都知道雷锋是谁，这恰恰折射出严重的惯性思维和想当然。

其实，借助学雷锋来提升社会道德的努力在某些方面已经被严重异化了。

改革开放30多年来，由于社会上出现了信仰失重、行为失规、道德失范、心理失衡，大众精神找不到依归，所以产生了一波又一波“呼唤雷锋”的声音。借助载体张扬道德并无不妥，英雄模范原本就是因社会需要而产生，因主流社会倡导某种精神或道德价值观而存续。问题的关键在于，我们一度异化甚至扭曲了学雷锋。比如，人们一直在强化着一种理念或价值认同：只要公众都知道了雷锋，都喊出学习雷锋的口号，都明示学习雷锋的决心，社会道德的天空就会一片蔚蓝。为了突出雷锋精神的道德作用，甚至热炒“雷锋叔叔出国了”、“西点军校悬挂雷锋画像”这些子虚乌有的“新闻”。

然而，由于我们在某些方面还未能确立起全民族遵循的核心价值观，短期行为和急功近利充斥于大众的精神世界和生活空间，使得雷锋精神不是深入我们的灵魂，而是走向口号化、符号化。到了学雷锋日，人们才蜂拥于敬老院里给老人洗澡梳头，甚至让老人有一天洗好几次澡，梳好几次头。这种带有强烈功利主义色彩，纯属“作秀”的所谓道德行为，不仅不能美化社会，甚至还会使人们的灵魂更污浊。

道德行为只有建筑于灵魂的自我关照，源自内在的精神冲动，才会变得自觉和永恒。为什么改革开放之初，人们对雷锋精神耳熟能详，社会公德却仍然江河日下？这说明，仅仅知道什么是道德和如何有道德是不够的，关键还在于能否真正把人性中的善与现实社会联系在一起，即道德不是停留于语言层面，而应进入实践层面。同时道德的快感不是源自喊出了几句道德性口号，而是直接感知道德行为所具有的心灵抚慰作用。到这时，道德不再是别人所要求，而是自己愿意所致，更不再是外部环境氛围的迫使，而是心灵需要和内心冲动的结果。

借助道德典型倡导一种道德价值观，只是社会公德形成的一种形式和过程，根本的着力点应是帮助大众将主流精神和核心价值观内化为理念和行动。到这时，人们或许不再刻意向谁学习，却仍能执著地做有益于社会和他人的事情。那种习惯于把善行贴上标签的方式，表面张扬了道德，其实是异化了人的德性，尤其是把道德的力量变成了力量的道德。要知道人的道德行为不都是为了得到社会的肯定和褒奖，很多情况下是关照自己的内心世界。孟子早说过："恻隐之心，人皆有之；羞恶之心，人皆有之；恭敬之心，人皆有之；是非之心，人皆有之。"可以肯定，只有跳出格式化道德的巢穴，社会才会更加有道德。

12. 为何让受助学生背上沉重的道德十字架?

每当新生入学，有关贫困学生的两个话题往往不期而至：一是为贫困生呼吁，另一个是借助一些现象批评受助学生缺少感恩意识。

学生上不起学，年年讲，讲年年，似乎总不能把问题解决好，这已经属于体制机制的问题。至于反复向受助学生灌输感恩于帮助者，则有必要作出辨析。

某报刊出一篇题为“受助学子为何难说‘谢’”的文章，其中讲到西部一家媒体组织了捐资助学活动，使1000多名学生顺利地走进大学校园。几年下来，这些学生没有一人通过电话或书信与捐助者直接联系，也没有人通过媒体向捐款人士表达感谢之情。该文作者据此认定：“一些学生的心理和思想健康状况令人担忧”。类似的担忧或批评屡屡见诸媒体。比如前几年曾有一位天津老人资助数十名学生读书，老人遇到困难时却没有人问候和帮助；多年前深圳宣传歌手丛飞事迹时，也有媒体批评受过他帮助的人没有报恩……

正是由于指责和批评的声音多了，就不能不迫使我们思考：助困的本质是什么，我们为什么帮助别人，应当以什么心态做事……这些似乎都应作出回答。

其实，社会大众的助学原本没有那么伟大，只是一种人性的自然反映，是一种自我修养和心灵净化的方式，还是来一点平常心的好。彻底的和纯粹的奉献是没有的，所有的奉献都是为了得到——有人奉献物质是为了得到更多物质的享有，有人奉献金钱是为了得到精神的享受。既然在资助学生过程中已经得到了自我的心灵净化，得到了心灵的颐养，在此之外还需要什么样的回报呢?

不能不承认，我们在社会互助问题上赋予了过多的政治意义，同时又忽视了其中蕴含的人性之光。于是，人们每做一点有益于他人或社会的事情时，都要事先做很多的思想准备和行为准备。为什么人们把正常的行为看得那么重呢？一是因为我们民族传统文化中存在着重私德不重公德的情况，即勤勉、好学、孝敬等私德做得比较好，而怜悯、互助、守信等公德却做得不够好；二是因为我们的道德步入了误区，出现了道德问题非道德化，非道德问题道德化。

比如我们宣传了大量的售票员热情服务、项目经理不造豆腐渣工程、领导干部拒贿、商店不卖假货不短斤少两等等，把这些人作为道德楷模来宣传，是不是把正常行为当做“非正常”行为了呢？

价值判断分五个层次：弘扬的、要求的、允许的、抑制的和取缔的。首先我们不要把该做的作为弘扬的来对待，同时也不要把善行过多地政治化。存在于普通民众中的善行，本来属于人性的光辉，如果总是赋予其太多的政治意义，目的是引导更多的人去做有益的事情，实际的结果却是弱化了人们的天性冲动。更多的人还是愿意以人性的力量推动自己行善，而不仅仅是以政治的符号表达自己的心情。比如雷锋精神和行为，既有政治理念，也有人性之光，我们过多地解读前者而忽略了后者，势必会给民众以误导，甚至连政府部门或领导干部的助困活动也被渲染得变了味。有媒体称，一位得到 200 元救助的小姑娘作为道具反复被拉到媒体上宣传，最后孩子痛苦地说自己不愿意受助了。什么才是道德的成熟？在人们没有意识到自己是做好事，而天天在做好事时，就是道德的成熟。

或许由于儒家入世价值观的影响，或许由于人们穷怕了的缘故，人们对物质生活看得过重，从而导致了精神世界内涵不够丰富。目前中国先富起来的人社会形象不是太好，其中最关键的一点是没有真正弄清自己和社会的关系、金钱对于人生的本质意义，因而缺乏担当精神和社会义务。

步步高总裁段永平曾经以 62.01 万美元（合 496 万人民币）的价格和巴菲特共进午餐。《福布斯》网站报道说：“可能段（永平）真的很饿，他这顿饭要花去比去年多一倍的价钱。”段永平则这样解释自己花大价钱与巴菲特见面的理由：“我最想问巴菲特，‘如果你手里有很多钱，但没有好的投资目标，你会怎么办？’我想他能给出令我满意的答案。”

其实巴菲特已经通过自己的行动给出了答案，即将钱用到慈善事业上来，因为他已经宣布将向盖茨基金捐出绝大部分资产。巴菲特说，自己的财产之所以不给孩子，原因之一在于，如果因为财产的继承而使他们成为百万富翁，竞争的平台就打破了，这对别人是不公平的。

《纽约时报》曾以广告形式刊登了一封致美国国会的公开信，题目是“请对我们征税！”作者是美国120位最有钱的富翁，包括盖茨、巴菲特、索罗斯等人。他们向国会请愿的内容，是反对布什总统提出的包括普遍降低个人所得税税率、取消联邦遗产税等一揽子达1.6万亿的减税计划。这些本属获益者的顶级富豪们，为什么却反对这一对自己明显有利的计划呢？就像巴菲特接受采访时所说：“取消遗产税是个大错误，会造就一个贵族阶级。”由于政府财政收入减少，在公共医疗保健、社会保障、教育等领域的投入也会减少。

中国人均捐善款0.92元人民币，占人均GDP的0.012%，而美国人均捐善款460美元，占人均GDP的2.17%。还有数字表明，中国注册企业1000万家，99%的企业不向社会捐献，这在西方国家是不可思议的事情。

目前美国每年的社会慈善捐款达到了6700亿美元，绝大多数捐款并没有直接送到受帮助者手中，因而也就不存在让受助者作出回报，哪怕是一声“谢谢”的问题。过于看重受助者的感激之情，反映的是捐款动机原本就不是人性之光的昭示，不是真正善良的天性使然，而是在无意识中进行着一种商业行为。

其实，帮助困难者是不应构建直接的付出和回报关系的，你帮助别人解除困难，你就完成了自己的任务，不能也不应让受助者天天感激你。倘若一定让受助者背负起道德的十字架，你就不能算是帮助别人，因为你帮助人解除了物质上的压力，同时又让人背负上更加沉重的精神压力。社会上的慈善行动，就是一种展示人性之美的活动，你的帮助会让困难者感知人性之美，社会之美，久而久之便铸就了一颗美好的心灵，会在今后的生活中努力帮助周围的困难者。或许我们也会遇到困难，却不应寄希望受助者的帮助，而应当由周围的人帮助我们。我帮助你，你回报我，终究没有跳出商业行为。我帮助你，你帮助其他的困难者，人人都这样做，这个社会才真正变得美好。恰恰是肤浅而又低层次的助困活动，使我们社会的公德心历经几千年的倡导依然没有完全建立起来。

目前采取的一对一式的助学活动，慈善成本过高，这是受制于社会公信力降低而不得已而为之的做法。许多人不愿捐，不是心中没有善意，而是不知道自己的捐款能不能到达真正的困难者手中。

我们在典型宣传时总是以做好事的量来评价一个人的境界。其实，做好事的量只能证明一个人向更高境界迈进过程中的决心和动力，其本身不是境界。当一个人没有意识到自己在做好事，而天天在做好事时，这才是高境界的形成。

家庭的贫穷不是学生们的过错，但在当今道德价值观紊乱的情况下，他们为此已经承受了身心的重压。给予他们一定的帮助，这原本是政府和社会应有的责任，政府和社会没有解决他们的困难已经是失职，为什么还要让他们再承担精神重负呢?

我相信，世界上不可胜数的受惠于比尔·盖茨、巴菲特慈善基金的人，肯定没有多少人写信或打电话表示感激之情。捐助者也不需要这样的感激，因为他们认为自己应该这样做。

何时我们的社会真正从人性的层面激发出普遍的善，而不是附加一系列概念和符号，我们的精神世界才会明净和纯洁，一种社会的和谐与美好才真正形成。

13. 功利主义的道德究竟能走多远？

从资助与受助的关系看，成熟的闪耀着人性光辉的道德理念和道德行为，并不一定反映在助人者与受助者的直接对接上，而是反映于行为无痕，作用有形。无论我们是否知道资助了谁，自己的善行都会产生作用，注定会作用到最需要的人那里，给他们以生活上的帮助和心灵的抚慰。这种助人行为不能走向契约关系，因为契约关系更多地体现的是法的内涵。

道德和法是两个范畴的概念。道德属于善与美的范畴，而法则是道德的底线，只有道德不足以约束人的行为之时，才会诉之于法。虽然我们不能简单地认定道德契约已经进入法的范畴，但它至少属于道德的异化，属于道德标准的堕落。

现代慈善的最大特征之一，便是显现于中华民族“五伦”之外的第六伦，即陌生人间的伦理。中华民族伦理道德的核心是“君臣、父子、夫妇、兄弟、朋友”。如孟子所言：“父子有亲，君臣有义，夫妇有别，长幼有序，朋友有信。”（《孟子·滕文公上》）也就是说，父子之间要有骨肉之亲，君臣之间要有礼义之道，夫妻之间挚爱兼内外有别，老少之间要有尊卑之序，朋友之间要有诚信之德。这是两千年来中华民族人伦关系和处事之道的基础。这种伦理道德形成于农业经济，同时与超稳定的社会结构相适应。但是，随着社会发展，中国社会农业经济进入市场经济和知识经济，生活居住方式几近自由迁徙，人际交往开始由亲人熟人间的交往，发展至快节奏的陌生人之间的交往。这种情况下，再在“五伦”之间求道德，显然与时代和社会特征不相符，也很难引领一个民族走向人类道德和文明的制高点。

进一步说，当一个人的善行不管他人如何评价或置疑仍一如既往，才敢言道德实践真正源自人性和信仰信念，才敢言道德的成熟。唯此，道德行为才会普及化、平民化、常态化。过于看重受助者的感激之情，并不是人性之光的驱使，往往难以让予者和受者产生心灵的净化和感动。

在美国，有 7 万多个基金会掌握着 6700 多亿美元的慈善捐款，每年来自捐款人的上千亿美元善款，绝大多数不是直接“点对点”式的作用于受助者，而是通过基金会来实施。显然，施助者对受助者的感恩要求或期待，不仅会扭曲或异化道德行为，更有可能泯灭人们原本存有的道德理念和道德行为。如果过于或反复强化你来我往、你施予我感恩回报的道德价值观，无疑告诉人们，予我有恩者必须回报，从未予我帮助者，我亦无援手之责任。

这种付出与回报的对等法则，具有浓厚的商业交往特征，它不可能把爱和道德延伸开来，形成一种人性的自觉和成熟的理念，形成普遍存在于大众中的价值取向。即使对于已经处于行动中的人们，其热情也往往因时因事因环境氛围而决定行止。行为得到社会褒奖、受助者感激之时，则热情倍增。一旦当心理期待得不到满足，失落感陡生，帮助他人的内在冲动趋于弱化，一些人甚至由此而终止道德行为。

建立于利害关系之上的善，必定难以持久和社会化、公共化。我们社会长期进行着道德教化，效果却并不理想，不能不说与道德行为符号化有关。人们的道德行为不是建立于灵魂深处的怜悯之上，而是失去了质感。所以，过于强调受助者的回报，虽然初衷是为了张扬道德，实际结出的却有可能是抑制道德行为的果实。

反对让受助者背上道德的十字架，并非反对社会互助行为在受助者身上产生塑造作用，更不是反对将道德行为发扬光大，而是认为这种作用要依照规律进行。依据今天的道德状态，有人施予善行并有回报的期待无可厚非，但这不是道德行为本有的品质和特征。何时真正从人性的层面激发出善，而不是附加一系列概念和符号，一种社会普遍的互助意识和行为，一种大众共同构建的和谐与美好才真正形成。

14. “高明现象”给我们怎样的道德启示?

中华民族是一个重精神、修道德的民族，两千年的封建统治走的就是以德治天下的道路。新中国成立后，思想和精神建设更成为不可或缺的内容。

然而，在经济有了数十年飞速发展的情况下，却出现了较为严重的物质与精神的失衡，甚至在某些领域出现了信仰失重、行为失规、道德失范、心理失衡的境况。这迫使我们思考：民族复兴的本质是什么？该以什么样的精神世界和道德品质支撑这种复兴？与此同时，一些古老的命题也自然而然摆到面前：我们是谁？从哪里来到哪里去？我们该追求什么？待解的疑问已经成为现实的困扰。这就是由北大学生高明报名参军两年引发热议发展成为“高明现象”的内在原因。

“高明现象”蕴含着对当今社会的拷问。

第一，是高明道德高尚，还是社会道德滑坡。

高明的所作所为应予嘉许，毕竟从军两年成绩突出，毕竟他以行动带给我们深深思考。但从本质上讲，高明是做了一个优秀青年该做的事。正如其本人所言：“我做的是一件我愿意做、也应该做的事”。因为承担一定的国防义务，是每个公民应有的责任。从现实来看，高明的行动又因稀缺而不可避免地上升至道义，归结为楷模。这无疑给我们提出一个重要命题：究竟是高尚的行为让高明成为道德楷模，还是因为社会道德滑坡而凸显出高明的道德高尚？有前者的原因，但更多源于后者。

至此，一种现象严重地存在于社会：不追求高尚，更愿沉溺于庸俗。一部分人已经习惯于以灰色或龌龊的心理揣度、推演道德者的道德行为：我和周围的人的精神境界不高，就不应也不会有道德自觉者，倘有异类，必定是“作秀”和沽名钓誉。社会生活中，由于道德标准失矩，道德判断步入误区，确实导致了相当一部分人在“作秀”和沽名钓誉。大众一再被愚弄，最后便是“作秀”与做实者一锅烩。普遍的道德扭曲及灰色心理，自然将古人所讲的“木秀于林，风必摧之；堆出于岸，流必湍之；行高于人，众必非之”和“事修则谤兴，德高而毁来”化为实际感受。既然“好人不好当”，不妨随大流，一起媚俗。到这时，共同走向庸俗便成为不二选择，道德随之成为奢侈品。环顾左右，还有多少人敢于像高明那样坦然而又响亮地说，“当兵就是尽义务，没那么多‘为什么’”，“男儿意气，无关富贵”。

第二，是高明价值观错位，还是社会价值观紊乱。

就社会来说，人群存在三种状态：先行者、严守中道者和落后者。先行者是责任承担者和牺牲者，如果一个社会的人们都拒先行，逐中道，这个社会便没有希望。如德国哲学家黑格尔所言：一个民族中有一些关注“天空”的人，这个民族才有希望；一个民族只关注脚下的事情，注定没有未来。高明就读于北京大学，这里是新文化运动的发祥地，是全国优秀青年云集的地方，不管基于道义，还是源于自觉，学子们都应当成为先行者。因此，高明和他所代表的那个群体，应当也必然是责任的承担者，主流精神的塑造者和引领者。这一判断意味着，对高明选择的不解，恰恰证明社会价值观出现了紊乱。这一点至关重要。

一个社会只有拥有成熟而又稳定的价值坐标，大众才能找到精神依归。而今，我们社会的价值坐标在哪里？我们的核心价值观是什么？能够说清楚的人并不多。没有满足时代要求的、由核心价值观奠基的价值坐标和精神追求，短期行为和功利主义必然盛行，甚至封建落后的思想也会沉渣泛起。当前存在于一些人价值观念中的严重的“官本位”、裙带关系、等级制度思想，即是明证。同时，在很多大学生已经进入士兵队伍的今天，仍然把高明视为异类，对其行为表示诧异，也说明存在同样问题。大家的诧异不是异在“大学生”，而是异在“北大生”，异在普通大学与顶尖大学，支撑这种价值判断的是那种“上品无寒门，下品无士族”的封建等级观念。一个社会功利主义和等级意识过强，高尚的精神追求必弱，这是一个铁律。虽然，一个民族、一个集团、一个人不可能总是生活在精神世界里，但也决不能仅仅生活在物质世界里，没有一定的崇高和空灵，很可能迷失方向，迷失自我。历史上许许多多的大帝国、强势政治集团及地位显赫的人物，最后走向了衰败，原因即在于丧失了精神支撑。

第三，是高明选择错误，还是青年成长道路越走越窄。

高明以两年的军旅生涯得出一个切身体会：在部队中获得的财富将受用一生。我们承认，进入当今时代，青年人已经不会专门找苦吃，但通过吃苦受磨炼塑造意志力等精神品质，一定是成大才者不可缺少的素质要求。如孟子所言："天将降大任于斯人也，必先苦其心志，劳其筋骨，饿其体肤，空乏其身"。这一成长规律至今仍未失去价值。军队在信息化建设过程中，一定会为青年成长提供不可缺少的精神营养，同时提供科学技术知识和工作技能。

有数据表明，美国 43 任总统中，有 23 人有过军旅生涯，占 53%，并且他们基本上都因作战有功或服役出色而获得过荣誉勋章。美国的西点军校不仅造就了闪烁的将星，还培养出上千名董事长、总裁。中国也大致如此。中国的 500 强企业中，拥有军人背景的总裁、副总裁达到了 200 多人，比如海尔的张瑞敏、联想的柳传志都当过军人。虽然今天的社会结构和发展方式较以前有了很大的变化，但军旅经历能够奠定成才基础，是不可否认的。所以说，高明之所以被一些人认作选择上的高明，与他正确认识判断和有效利用这一经历有关。

这里的问题是，像高明一样认识并作出选择的优秀青年还不是很多。绝大多数人认定由名校走向科学殿堂，步入政府部门，或畅游于商场，是有为青年的不二选择，并且途径越短越好，过程越简单越好。这些人的选择强烈地显现为个人功利，而非社会价值，不能不说是青年成长上的一大缺憾。

从社会价值导向上讲，也应当确立一种更崇高和更丰富的价值判断，即一个人成功与否，并不仅仅集中于物质方面，还应当包括精神和道义的升华。一个成熟而又文明的社会，必须包括主动承担社会责任的人。换一种价值判断，丰富一种成长道路，在竞争越来越激烈的今天，或许就是明智的选择和智慧的体现，就是独辟蹊径。

第四，是高明属于社会的异类，还是我们的体制机制设计抑制了同行者。

瑞士军事理论家约米尼有这样一句名言："假如在一个国家里面，那些牺牲生命、健康、幸福而保卫国家的勇士们，其社会地位反而不如富贾，那这个国家的亡国，就一点都不冤枉。"很显然，他所强调和突出的是每个公民都必须承担应有的社会责任，而不是将人分出三六九等，工作分出高低贵贱。进入现代社会，在社会结构和成长方式、价值判断已发生了巨大变化的情况下，我们不一定以此为价值尺度，但崇尚和关心国防，在必要的情况下参与其中，也决不应异化为不合时宜和不合逻辑的事情。

高明的同学中，两个韩国学生毕业后要服兵役。事实上，西方国家大多立法规定：包括大学生在内的所有青年都有服兵役的义务。当年克林顿因逃避兵役，几乎失去了入主白宫的机会。相比而言，我们的制度设计显然存有缺陷。由于制度不到位，强化了一种错误观念：在经济建设成为主旋律、主战场的情况下，牺牲一点国防不是大不了的事，未必有必要让"塔尖"上的大学生步入军营。在法规制度缺乏刚性规定与利益驱动的双重影响下，无疑导致了高明缺少同行者。其实，今天的一些达官显贵和各界"精英"，已经没有多少人将子女送到军队来服兵役了，仅此一点，就值得我们反思。

第五，是让高明成为绝响，还是让高明化作肇始。

由于社会转型导致了原有的道德价值体系被打破，新的与时代脉动相一致的核心价值体系尚未确立起来，导致了道德的滑坡和价值观的紊乱，这是不争的事实。这种情况下，我们是不是就可以将全社会的道德标准下移？我们是不是就可以将以往批判别人腐朽和丑恶的东西，在自己的市场经济过程中再重演一遍，甚至更为凸显？我们的社会是不是注定要在道德价值观紊乱中前行，而不是明确和清晰地构建一个民族的价值观和价值取向？或者说，我们是否在进入中华民族崛起于世界的过程中，永远对胡适先生所指出的中国人存在三大毛病（缺少爱心、恻隐之心，不能见义勇为，贪生怕死）和梁启超先生所指出的中国人“缺少高尚之目的”等痼疾熟视无睹？直至让高明成为独行者，甚至化为绝响？

既然民族复兴反映为文化和文明的复兴，需要以站立于人类文明制高点上的、清晰稳定且为大众所认同的核心价值观作支撑，我们就必须加强精神大厦的建设。从道德和精神大厦建设的角度讲，就要避免使高明成为绝响，而应让他成为肇始，启发社会大众的道德自觉。或者说，要丰富大众的精神世界，真正使道德者涌现，使道德行为永续，要特别注意将推行力量的道德，转化为道德的力量，努力引导大众从灵魂深处生成和迸发出道德感、道德意识，避免单一的由体制力量塑造道德价值观，让每一个社会大众在感知道德价值的过程中身体力行。

15. 在转型期，社会需要什么样的英雄和榜样？

一个没有英雄的民族是可悲的民族，而有了英雄不去珍惜的民族更为可悲。对一个人、一个社会乃至一个民族来说，有一个基本的精神推动力量始终未变，这就是榜样抑或英雄的力量。有了这些人，伟大与美好才会得到最大限度的弘扬，大众才不会因长期处在庸俗的生活氛围中变成行尸走肉。

俄罗斯有一部电影，叫做《决战中的较量》，讲述的是斯大林格勒保卫战中，由于种种原因，相当长的时间内苏联红军处于失败的情绪之中，相当多的人认为德军是不可战胜的。在这个紧要关头，一位临阵上任的将军问谁是政工干部，当得到肯定的答复后，他又问，在当前情况下有什么办法改变这种士气消沉的状况？这位政工干部说，我们需要英雄！事实正是这样，当一个英雄被发现并被广泛宣传后，引起了战场上广大官兵乃至全国人民的关注，于是昂扬的士气被激发出来，最终使苏联红军走向胜利。

这个故事很感人，其揭示的道理更具有启示意义。社会不是不需要英雄，而是我们应当宣传什么样的英雄，如何宣传英雄。只有把这些基本的概念作出科学的定位，并进入操作过程，才能保证产生可感、可学、可推广的英雄，社会大众才会因此而校正自己的价值观和道德观。

16. 如何看待和处理道德与法律之间的关系?

大多数情况下，道德与法律是并行不悖的。但在特殊情况下，两个范畴内的问题也会发生冲突。

在昆曲高速公路上曾经发生过一起交通事故：一辆中巴车发现遭遇车祸车辆后，下车救人，结果被后面的车撞上。这就产生了德与法的冲突。论法不该停车，论德应当救人。《中国青年报》曾经刊出过一篇题为《全国优秀青年志愿者遭遇难题——政府令能否对雷锋车法外施恩》的报道。从标题中，我们不难看出所反映的具体内容，不难弄清这又是一个关于道德与法的冲突的案例。

道德与法在社会转型期不断面临冲突，也是很正常的事情。面对道德与法律发生冲突并要作出选择时，是按照两害权衡取其轻的原则进行，还是按照一定历史情况下哪一个更现实、更需要强调的原则去进行，这是不可回避的问题。我们认为，不可调和的矛盾，确实应有所侧重。如果是一般的案件，还是应当以前者为准比较妥当。如果是社会影响很大的事件，是不能简单地以前者为准的，还是应当以后者为准。

17. 为什么道德要建立在平等基础上的制度约束?

道德与制度属于两个范畴，但二者之间关系十分密切且相辅相成，尤其是在当今脆弱的道德基础之上，如果没有机制作保证，道德的提升将是一句空话。

有些领导干部经常把对民众道德低下的批评挂在嘴上。的确，在现实社会中一些民众的道德水平的确不太高，丑恶现象、不道德行为时常出现，然而如果我们深入思考一下，这些现象的出现，不能不说与我们的主流精神的推动或建设者——党员干部、政府官员的行为有关，一些不道德行为确实可以从一些人身上找到影子。即使排除这一原因，是否也与社会主导者在机制建设上的失误有关?

《参考消息》曾刊出这样一则消息：美国前总统布什的侄女、佛罗里达州州长杰布·布什的女儿诺埃尔因被指控用假药方购买镇静药而被捕，而诺埃尔的母亲曾于1999年在机场入境报关时，因少报购买货物而被罚款4100美元。诺埃尔的母亲是谁呢?是美国前总统老布什的儿媳。这种建立于平等基础上的制度约束，是我们应当好好学习的。后来，诺埃尔的父母发表了一份公报，指出此事“非常严重”，影响到整个家庭，他们深表忧虑。由此联想到我们一些在电视上撒谎不脸红的官员与名人，社会上的造假，就不能不让我们产生深深的忧虑和悲哀。

18. 为什么说道德行为可以决定一个人的前途?

一个人该做什么，不该做什么，一定要牢牢把握。对于那些想干一番事业，成就人生辉煌的人们，这一点更为重要。既然想干一番事业，就必须从现在开始，严于律己，不能有任何侥幸心理。

曾经由金庸主导的《明报》，在香港影响很大，后来金先生把《明报》的主导权交给了一个青年人。交接的过程富有传奇色彩。这个青年人陪同金庸周游世界几十天，说服金庸将一生费尽心血建立的报业交给自己管理。后来，这位青年人果然大有作为，把《明报》办得有声有色，自己成为香港知名人士。有一天深夜，他接到一个电话，问他在加拿大留学时，是否因为信用卡恶意欠款而被警方拘留？这位青年矢口否认，坚称自己是清白的。第二天，《明报》的竞争对手连篇累牍地刊出了有关这位青年人在加拿大时的所作所为和电话录音采访，《明报》股票顿时大幅下跌，银行上门追贷款。自此以后，这位青年人在香港消失了。显然，很多错误对于常人来说并无大碍，但对于已有社会成就的人，尤其是拥有大量竞争对手的人来说，情况就并非如此。

有位记者到美国的耶鲁大学进行采访，发现一个学生面对墙壁沉默不语。记者问："你为何不与人交流?"学生答："我担心某些话会被将来的政治对手抓住而受到攻击。"这句话中值得玩味的东西有很多：一方面说明该学生目标很远大，尤其是耶鲁大学盛产美国政界要人甚至是总统，这样的言行并非狂妄之举；另一方面，慎重对待自己的一切行为，应当是一个胸怀大志的青年所必须把握的。

从社会大众的交往特点来看，人们不会以严苛的标准来要求一个普通人的行为举止。但一个人若想超越其他人，人们就会用高于一般的道德标准审视他。如果他已经站到了社会的高处，大众必以更高的标准衡量他，界定他，有时还显得非常苛刻。正是这样的公众要求，决定了有作为者的社会责任，决定了自律和克己的重要。没有规矩不成方圆，一个人没有原则，就不会坚持真理。知识分子具有一定的社会影响力，如果没有原则，同样也会出大问题。古人云，“仓廪实而知礼节，衣食足而知荣辱”，我们每一个人都面临着如何夯实自己的道德与文明基础的重大问题。

19. 如何面对社会不良现象?

我们有责任抨击社会不良现象，但更应身体力行，抵制不良现象。我们不要因为自己力量绵薄而无所作为，要坚信只要付出努力，就会产生积极作用。人人都做清流，才会中和污浊；人人都担负起属于自己的那份责任，美好的社会才能产生。

很多情况下，人们更愿意做的是抨击者。的确，改变并使社会走向美好，需要大众有正确的价值观念，要敢于站出来抨击不良现象。但我们一定要看到，仅靠抨击是不够的，每一个人都应扪心自问，在抨击不良现象的同时，自己的言行是否一致。诚然，一个人的力量是有限的，不可能改变整个社会，但只要人人都积极去做，汇集起来的力量就会很强大。

西方著名哲学家黑格尔说过，一根稻草可以压趴一头毛驴，这是因为这根稻草是在承重的临界点上加上去的。每个人的力量都似一根稻草那样轻，合起来就会克服一个看似不可逾越的障碍。一位医学院老师给学生讲过一个《拯救小鱼》的故事。暴风雨过后的早上，一个人来到海边散步，发现有许多被暴风雨卷上岸来的小鱼被困在浅水滩里，回不了近在咫尺的大海。用不了多久它们都会死掉。就在这时，他发现一个小孩不停地捡起小鱼扔到海里，就忍不住说："这里有成千上万条的小鱼，你是救不过来的。"小孩说："我知道。""那你为什么还要这么做，有谁在乎呢?"小孩捡起一条小鱼说："这一条在乎。"又捡起一条说："这一条也在乎，还有这一条，这一条，这一条……"讲完这个故事，老师对学生们说："今天你们在这里开始大学生活，每一个人都要学会如何拯救生命。虽然你们救不了全世界的人，救不了全中国的人，甚至救不了一个省、一个市的人，但你们还是可以救一些人的。你们可以帮助他们解除痛苦，因为你们的存在，他们的生活从此不再一样，你们可以使他们的生活变得更加美好，这是你们能够做到也是应该做的。"虽然单个人的力量是有限的，但只要发挥出来，总能产生积极作用。

假如人们更多的不是抱怨与批评，而是行动起来，从自身做起，结果是不言而喻的。在美国波士顿的德国纳粹屠杀犹太人纪念碑上，留有德国神父马丁的一段忏悔："起初，他们追杀共产主义者，我不是共产主义者，我不说话；接着他们追杀犹太人，我不是犹太人，我不说话；后来他们追杀工会成员，我不是工会成员，我继续不说话；此后他们追杀天主教徒，我不是天主教徒，我还是不说话。最后，他们奔我而来……这便是我们不愿看到的悲哀。”面对危害社会的人和事，只有每个人都肩负起应尽之责任，美好的社会环境才会到来，每个人才会身受其益。

20. 在充满诱惑的社会里，如何才能更好地修养自身？

古人早有断言：“与善人居，如入芝兰之室，久而自芳也；与恶人居，如入鲍鱼之肆，久而自臭也。”这说明了环境因素的巨大作用，但也不能忽视主观能动性和价值追求的重要。人不应使自己的心灵污浊不堪，而要追求明亮洁净，求得身心康健。在物欲横流的社会里，洁身自好是有理想、有远大目标者的必备条件。

那种“只有向钱看，才能向前看”的思想，无论如何都不应成为社会的主流。这并不意味着把金钱视为万恶之首，而是说每一个人都应有正确的金钱观。一个有事业心和奋斗目标的人，决不会为金钱所役，更不会沉湎于感官刺激之中。幸福并不与财富成正比，一个亿万富翁一生的幸福感并不一定比一个金钱匮乏，但事业、爱情、家庭美满的人得到的更多。人不能成为金钱的主宰，就必定成为金钱的奴隶。人们可以更多地获得金钱，却千万不可为之所役，最终使心灵无所寄托。换言之，当人的生存需要得到满足后，还是应当有更高的精神追求。

21. 为什么说从小事可看出人的道德境界?

一个人的一生中大事并不多，更多的是小事。大事对人的品德是一种检验，但众多的小事才会体现一个人的修养，小事才会逐渐改变一个人。我们要形成一种成就他人的自觉，必须把“不因事小而不为”的思想贯彻到日常生活中去，必须把道德理想转化为道德行为和道德实践。

在日常生活中，正是很多小事在不断影响着每个人的价值判断与人生走向。如果从自我严格要求的角度思考问题，我们的行为不是外界强加的，而是一种自觉自愿的体现。一个人的思想道德和行为习惯，往往是从小事而来，所以努力在小事上强化自己的理念，才能保证自己的身心得到颐养，行为得到改善，思想境界得到升华。在帮助别人的过程中，不仅成就了别人，而且可以通过帮助别人，使自己的精神境界得到提升。相反，如果在帮助别人的过程中，总认为自己是施舍和付出，既不可能产生美感，同时也很难维持长久。人的心理需要一种平衡，社会也需要平衡，总认为自己是付出，怎能产生平衡感？有鉴于此，一个人的道德境界得到提升的鉴定标准，不能简单地以做了多少好事来衡量，而应主要看这种行为是否发自内心。

22. 矫正人行为的作用力有哪些？

矫正人行为的作用力来自三个方面：一是外部予以的教育与灌输。二是道德自省、自律。三是法规制度与公共道德、社会观念的约束。如果作出简单划分，无非是两个方面：自律和他律。

从社会的角度而言，真正矫正人行为的作用力是社会机制的完善，是良好公共道德观念的形成。因此，要解决当前社会中存在的问题，首先应从机制建设抓起，并努力使大众形成优良的道德观念和行为习惯。

有一种听起来让人倍感困惑却符合实际情况的判断——人是靠不住的。准确地说，未成熟完善起来的人是靠不住的。美国人建造了一个“浩劫博物馆”，其中记录了人类的一些重大灾难事件。当人们进入博物馆后，情感与精神最受冲击的不是犹太人被屠杀的惨状，而是当年德国人追随希特勒的狂热——千百万人的呐喊声排山倒海。当年德国人民追随希特勒，初衷肯定不是为了毁灭世界，而是想使世界变得更加美好。最终的结果如何？他们被希特勒愚弄了，成了间接的帮凶。所以说，人是靠不住的，唯有机制更可靠，更具有稳定性、持久性。

长期以来，我们一直强调以道德为基础的自律，强调政治信念与政治信仰的作用。但是，相对于人的贪欲，仅靠自律和道德自省，甚至靠信念与信仰未必能保证一个人完全不受诱惑，未必能保证行为一直走在正确的轨道上。如果社会没有建立起有效的运作机制，而是一厢情愿地相信他人，往往会出现这样或那样的问题。既然人性中存在着易变性和不可靠性，如果再出现评价机制的扭曲，问题就会更严重。眼下，我们常常更关心是否获得了“第一桶金”，而不问是如何获得的这一桶金。不问手段，只看结果，还会有多少修德者和守法者？换言之，如果好逸恶劳同样可以获得成功，奋斗也就失去了它本应具有的实际意义。德国是一个高福利国家，有些人工作获得的税后收入尚不及失业的救济金多。在这种情况下，怎能保证那些道德感较弱的人努力工作而不是坐享其成？所以，解决人的道德问题，利益调整不可缺少。利益调整的实现，则必须要建立在机制调整和制度约束之上。

既然人性本来就是“一半为天使，一半为野兽”，那么就一定要通过制定规范保证每一个人都在必要的监督下工作和生活。在一个自私自利的环境氛围中，人的心灵与价值取向极易发生扭曲。当一种机制不能把优秀的人才选拔出来，或选拔出来后不能加以约束，非常容易造成不良影响。毕竟，精英人物的负面作用要比普通人大得多。

23. 面对丑恶和阴暗，如何保持积极的心态？

尽管现在的社会问题很多，我们还是要多看光明面。只有拥有了积极的心态和纯洁明净的心灵，才能不为假象所惑，坚定自己的认知和理念，坚持正确的思维方式与辨别力。如果我们内心拥有积极的心态和理性的判断，能够勇于面对和解决不良的社会问题，一定可以化消极为积极。

有这样一则有趣的故事。一位老太太有两个女儿，一个女儿卖伞，另一个女儿卖鞋。老太太特别爱哭，因为下雨时，担心鞋卖不出去，为卖鞋的女儿哭；晴天时，又要担心伞卖不出去，为卖伞的女儿哭。后来，有人让老太太换一种心态，出太阳的时候为卖鞋的女儿高兴，下雨的时候为卖伞的女儿高兴。从此以后，她就成了一个爱笑的老太太。

工作而不要以挣钱为目的；爱而忘记别人对自己的误会和非议；生活就像这样，世界便是天堂。我们没有必要考察很多数字测算的准确性，但有必要思考该以什么样的心态、价值判断对待身边的事物。

视角、价值取向与心态之所以对大众极其重要，原因在于它与人的心理发展变化过程密切相关。由于有些问题极具刺激性，加之人的心理和价值取向多倾向保守，因而往往容易夸大问题和矛盾的严重性。例如，上世纪六七十年代，美国一直认定新一代青年是垮掉的一代，然而，美国不仅没有垮掉，反而越来越强大，其前进的力量更多地是由青年人贡献出来的。因此，如果宏观上能够看清社会发展的主流，不为假象和个别消极问题所迷惑，由此作出的判断就会更为客观准确。中国正在崛起，正在吸引全世界关注的目光，这是不争的事实。美国《财富》杂志在2000年评出的世界最大500家企业中，中国就已有12家入围，足见中国经济发展之快。

一位到美国哈佛大学进行客座研究的教授赞叹，在哈佛国际问题讲坛上，已经再也见不到只字不提中国的学者。这从一个侧面反映出中国的强大。如果我们结合历史看问题，认识会更加深刻。1904 年，日俄在我国旅顺开战，腐败无能的清政府只能宣布中立。可以肯定，在今天的中国，再也不会出现这种可悲的局面。面对来之不易的大好形势，每一个中国人都应当倍加珍惜。

社会是个万花筒。面对中国社会出现的各种问题，我们不能因为大树底下有枯枝败叶，就把大树锯掉；不能因为水是脏的，就把孩子一起泼掉。一个人保存一点质朴与纯洁的品性，既可以净化别人的心灵，亦可以颐养身心。诺贝尔和平奖得主特丽莎修女说得好："如果守规矩、讲良心、有道德会让你吃亏，使你蒙受损失，遭到打击，那不是你错了，而一定是这个社会出了问题。但不管怎样，你要守规矩、讲良心、有道德；如果你做善事，不一定会有善报，或许还有人说你虚情假意，说你别有用心，但不管怎样，你要做善事；如果你成功，身边不一定会簇拥着鲜花和掌声，或许还会招来假的朋友和伪装的敌人，但不管怎样，你要成功；诚实和坦率会让你受到伤害，受到攻击，但不管怎样，你要诚实和坦率；破坏比建设容易得多，也许你多年的努力建设不起你的大厦，一朝的破坏却让你声名远扬，但你仍要建设；只要你努力，犯错是难免的，有些错失令你刻骨铭心，伤痛难愈，但你仍要努力；将你最好的东西奉献，你反倒可能被踢掉牙齿，但你仍然要将最好的东西奉献。"

正如台湾作家林清玄所言："一个人面对外面的世界时，需要的是窗子；一个人面对自我时，需要的是镜子。通过窗子才能看见世界的明亮，使用镜子才能看见自己的污点。其实，窗子或镜子并不重要，重要的是你的心，你的心广大，书房就大了，你的心明亮，世界就明亮了。"美国前总统肯尼迪更是直截了当地剖明心迹："我不会问国家给了我什么，我会问自己给国家做了什么。"

24. 如何走出潜规则盛行的误区？

道德建立于公开与公平之上，方可拥有坚实的基础和保证。只有公开与公平，才会改变我们民族某些不健康的文化心理，以及由此形成的价值判断与行为方式。

中国自北魏采取保甲制的社会管理方式开始，经过后继王朝尤其是明代的强化，民众便不得不生活在一个狭小的空间，加之农业经济自身特点，强烈的家族和裙带意识融入中国人的文化心理。从行为特征上看，它表现为大众更关注人际关系，更习惯于以最小的代价达成一己之目的。长此以往，便形成了特有的话语体系："搞定"、"摆平"、"操作"，等等。人人习惯于这样做，同时也接受或默认别人这么做。这种"法外求法"的心理与思维方法、行为方式，直接导致社会显规则失效，潜规则盛行，道德没有了底线。单个人行为失德是道德品质的反映，而许许多多的人失德无疑是社会文化心理的折射。因此，唯有跳出阴暗的文化心理，方可形成道德生长的肥沃土壤。

只有公开与公平，才敢言自由与正义，才敢言道德的依托和参照。公开与公平的呼声，源自大众心灵深处的道德冲动。道德由人类社会的共生性而来，即每个人对于自己发生直接或间接关系的人的一种行为要求，一个人要求另一个人有道德，同时意味着对方有相同或相似的要求。要求与被要求交相运动的结果，便形成特定的道德内容、道德标准和道德规范。如果没有公开化作支持，那么道德也就无以存续。以肩负道德引领责任的官员群体为例：当体制内的权力运行受体制外的隐形力量制约后，官员就必须关注并努力追求各种利益体的广泛认同。但是，倘若每个人感知的都是潜规则的力量，认定通过暗箱操作摆平某一上司便可以获得利益之时，便不会产生足够的公德效应。

只有公开与公平，才能将舆论对大众道德价值观的规范和调节作用发展至最大化。舆论就是公众的议论，之所以会产生道德调整和规范作用，是因为“人是一切社会关系的总和”，每个人都要生活于一定的社会环境中，时时受到外部世界的制约。也就是说，真正不受社会舆论影响、特立独行的人，要么是圣贤，要么是混蛋，除此之外不会有超脱社会规范的人。正是由于这一规律的存在，社会舆论具有强化公德意识的功能。但要真正使舆论的作用得到充分发挥，必须为舆论提供必要条件，其中最基本最重要的，便是内容和程序的公开，没有公开就没有舆论的力量。当大众借助非强制却与强制殊途同归的舆论平台，对单个人的行为作出道德判断，规范和引导作用便产生出来。

只有公开与公平，才能保证公共权力施加的道德影响力得到充分体现和发挥。道德成就于人类文明的演进，源自每个人良知的觉醒，但同时还应有公共权力的强化和导引。有人说，西方的文明有两个基本源头：一个是古希腊文明，另一个是基督教文化，是基督教的产生才告诉了西方世界的人们何为道德，何为不道德。也有人说，西方文明与道德的分水岭是荷马诗史所讲的特洛伊战争。在此之前，没有正义与道德这样的概念，只有在此次战争运用“木马计”以后，原有的英雄与英雄的对决，霸主与霸主的冲撞，才有了形式内容上的改变，正义与非正义、道德与非道德才凸显出来。除此之外，道德还需要公共权力的调整和强化。比如，法是道德的底线，即道德约束力失效时的强制。因此，不管大陆法系还是英美法系，在立法时都不会无视道德的力量，政府出台的政策制度亦包含道德价值取向。法和政策的力量源自哪里？无疑是公开与公平，否则就无法起到应有的作用，更谈不上对道德的强化。换言之，实体法没有程序法的支持，就有可能在运用过程中被扭曲，无法成为社会规范，其蕴涵的道德强化功能便无以发挥。

美国人常说，“总统是靠不住的”。任何失去制度约束的道德随时都会变异，人们都必须借助制度强化道德。正如邓小平同志所说：制度不好，好人不能充分做好事。当我们的制度随着党的执政能力得到加强，公开化程度进一步提高，一个道德充分张扬的时代才会来临。

02

第二章

坚守我们的理想信念

信仰是人类最重要的力量源泉。一个人、一个集团，乃至一个民族，只要拥有坚定的信仰和信念，必将创造出难以想象的奇迹。

相反，如果一个社会过度追求功利，信仰、信念缺失，道德境界不再提升，人生追求必蜕变为感官刺激，必然会缺乏远见，将再没有向上的精神追求和充实的灵魂世界。

诺贝尔和平奖得主特丽莎修女说得好：“如果守规矩、讲良心、有道德会让你吃亏，使你蒙受损失，遭到打击，那不是你错了，而一定是这个社会出了问题。”

1. 为什么说价值观是一种无形的精神力量?

关于价值观的问题，社会上曾经因为美国大片《拯救大兵瑞恩》所讲述的故事，在《中国青年报》上引发了“八个救一个值不值”的讨论，这同当年张华救老农而引发的“大学生救老农值不值”的问题相似。这种讨论只有在价值观缺乏正向引领的短视社会中才会出现，只有在人格不平等、不健全的情况下才会产生。

韩国一位市民在就南北统一问题接受媒体采访时说：“民族统一不是做生意，我们是不计成本的。”此言掷地有声。社会过度追求功利，必庸俗和短视。美国人到目前为止仍然在寻找几十年前在战场上牺牲的士兵遗骸，这样做的根本目的不仅仅是为了告慰死者的灵魂，更是借此告诉活着的人：为国家、民族利益而牺牲的人，无论何时何地都会受到敬重。

我还听到过一个很感人的故事，二战时期，苏联红军与日本关东军在远东作战。一天晚上，一名苏联红军战士开车拉了一车弹药，因为汽车出了毛病，人和车都落在了后面，而周围到处都是日本兵。后来战友回来寻找他，发现他一个人正在修汽车，就问他：到处都是日本兵，你为什么不逃跑？那位红军战士说：我相信你们会来救我。正是由于信心的存在，支持他一个人坚持了下去。试想，如果他意识到组织上和战友们绝不会为救自己而牺牲时，还有信心和勇气坚持下去吗？如果在战争中进行的都是商业式的利益交换关系，这支军队的战斗力亦将大打折扣，精神支柱将无从建立。

2. 为什么说要在体验中明晰自己的价值判断？

古希腊时期曾产生过一个哲学命题，即“认识你自己”。这个命题持续了数千年，直到今天，人们仍然在苦苦追寻答案。可以说，人生是什么、人生的价值与底蕴是什么、如何才能成就一个美好的人生，这类问题是人类永恒的主题。

这些问题很难被轻易地搞清、看透，原因是多方面的。不同的人所持的立场不同，不同的生活状态和生活环境对人们的价值判断所带来的影响也不一致，因此很难由某一位大家、哲人告诉你关于人生的一切，甚至不能帮助你选择一条最适合的人生道路。

关于这一点，我们可以通过人生价值观中所包含的道德观作一个简单的认识。思想道德领域从来都是多元的，要真正确立起一个符合人性、社会性、时代性、符合民族传统的主流道德观并不容易。比如道德的标准究竟是双重的还是单一的？我们认定或期望的无疑是后者，但文艺复兴时期意大利思想家马基亚维利却提出：君主在政治上不存在道德与否的问题，为了达到目的，可以不择手段。也就是说道德有双重标准，即对统治者有一个标准，对普通百姓又有一个标准。对于统治者来说，能够保持和扩大权力就是道德的；对于普通民众来说，评判道德就看他们的行为对统治集团起了何种影响和作用，看他们的行为是推动还是阻碍了统治者各项措施的施行。再比如，当我们在对某一套理论笃信不疑的时候，某一天忽然接触到另外一套与之完全对立的理论，却常常感到这套理论也有其道理。面对纷繁复杂的种种理论，我们甚至不能完全确定其中的对与错。这时我们自然会考虑，人类世界，或者说物质世界与精神世界，大概不是由非此即彼的二元构成，或者应当是由左、中、右，上、中、下，胜、败、和等三元，甚至是多元构成。假如这样，那么人生最重要的就是体验，就是通过切实的生活而获得真实体验。这些体验中就蕴含着人生的价值、意义及其本质。

3. 为什么说从利益问题上可以看清一个人的品质?

当一个人的境界达到了相应的程度，再多的金钱、再高的名誉都不会使其迷失自我，甚至可以说金钱越多，名声越大，越能彰显其才能和品质。如果境界尚未修养到应有的程度，不多的一笔钱，不大一点的名，都可能将一个人压垮，甚至使其走向毁灭。

为什么一夜暴富者，收获的往往不是幸福而是痛苦？为什么一个浅薄者一夜成名，往往变得夜郎自大，而非更加勤奋？道理即在于此——缺乏自我驾驭能力。如果从精神因素的层面分析，坚韧与信心最重要。美国布鲁金斯学会专门培养推销员，它的网页上贴着这样一句格言：不是因为有些事情难以做到，我们才失去自信；而是因为我们失去了自信，有些事情才显得难以做到。

人活在这个世界上，就必定要过常人的生活。既然过的是常人的生活，喜、怒、哀、乐、爱、恶、惧就要伴随一生。有时候你可能心态平和恬淡，不太计较功利，但社会在不停地影响和制约着你，除非你彻底脱离红尘。重要的不是计较和争取功利，而在于利益予夺后的态度。这就是既要有入世的行为，还应当有出世的心态，该争的功利要争，但争不到也应当放得下。

4. 如何评价信仰的重要作用?

人类发展历程早已证明，当自然的人成为社会的人后，精神的作用就显得愈来愈重要，特别是当物质条件比较艰苦，人们要在艰苦的社会环境中维持生活，精神世界就更不能失去依归。一个人失去了精神的支撑，是最为痛苦的事情，而精神支撑之核心便是信仰。

只要是一个生活于社会中的成熟的人，就应该有信仰。正是由于信仰的存在，人的精神才有所依附；正是由于信仰的不同，人的行为方式与目标才有区别。很多人在经历了心灵的嬗变后，经过比较才真正清楚了什么才是人间至理，何为人类最美好的社会。与此相类似，当年那一大批革命者，之所以抛头颅洒热血，为了信念和理想视死如归，就是在反复比较后认识到，只有共产主义才是人类最值得追寻的目标。

在精神领域，我们所要弘扬的内容不应是现实社会已经普遍存在的，而应是源于现实和高于现实的。既然弘扬的不是已经实现的，就应当是属于理想的。毫无疑问，一个人或一个社会，只有存在理想，才有前进的动力，才知道发展和奋斗的方向在哪里。动画片《埃及王子》中，主人公摩西的一句话令人动容。他说：一个人什么都可以被剥夺，包括生命，唯一不能被剥夺的是信念和信仰，有了信念与信仰，就可以获得一切。这可谓一语中的。

香格里拉位于云南迪庆藏族自治州与四川甘孜州接壤处，面积虽然只有300平方公里，要通过它却要走1500公里，必须翻越14座海拔4000米以上的大雪山。在今天的交通条件下，仍然需要忍受长达10余天的缺氧环境和瞬息万变的天气。历史上靠两只脚历过这段艰难历程的只有两支队伍，一支是中国工农红军，另一支是藏传佛教僧侣。二者不同之处有很多，但有一个共同之处，这就是在信仰和信念的激励下，不惧生死，探求精神的天堂。

公元73年4月15日，死海之滨的马萨达要塞中，有960多位与上万罗马大军对抗的起义勇士决定集体自杀。殉难前，起义领袖爱力阿沙尔说："我们是最先起来反抗罗马的人，也是最后放弃抗争的人。感谢上帝给了我们这个机会，当我们从容就义时，是自由人！明天拂晓，抵抗将终止，不论敌人多么希望我们做活的俘虏，都无法阻止我们。可以自由地选择与所爱的人一起死亡，是我们拥有的权利，可惜的只是不能打败敌人！把所有的财物连同整个城堡一起烧毁。但是不要烧掉粮食，让它告诉敌人：我们的死不是因为缺粮，而是自始至终，我们宁可为自由而死，不会为奴隶而生。"

因此，当一个人、一个集团、一个民族拥有了坚定的信仰和信念，必将创造出难以想象的奇迹。相反，如果信仰、信念缺失，道德境界不再提升，人生追求必蜕变为感官刺激，这时将再没有向上的精神追求和充实的灵魂世界。

我们讲信仰的重要，也是由于只有信仰才能凝聚大众，才能抑制不利于社会稳定的因素。西方人讲过一个观点：人没有饭吃时只有一件事要做，就是找饭吃，有了饭吃以后，就会生出许多事来。生出来的是什么事？就是争取民主、人权、自我价值实现，等等。这一点尤其是表现于精神领域，这也符合心理学家马斯洛的“需要层次说”，即人们满足了安全、生存的需要后，就会追求自我价值的实现。以往有人抱怨改革开放的受益者——社会大众，是“端起碗来吃肉，放下碗后骂娘”。这不难理解。因为人们在端起碗来后，不仅要看碗中有没有肉，还要看一看自己碗中的肉是否与别人碗中的肉一样多，是不是都是瘦肉，还要问一下别人碗中的肉是否与自己碗中的肉来路相同。为什么当年短命的黎元洪“大总统”总结出的治国思想，就是与古人思想一致的“不患寡，患不均”？想来也是担心此类问题。既然人们衣食无忧后思考的问题会变得更多，我们就需要做好两项工作：一是尽快建立完善的机制，保证社会的公平公正，这种公平不是吃大锅饭，而是让人们的财富利益从正道获得；另一个是迅速确立起具有足够吸引力的信仰和理想目标，让人们有所追求，精神有所依归。

5. 为什么我们无法逃避信仰?

我们常常听到这样的描述：理想是人们对未来的向往和奋斗的目标，信念是人们对追求理想所持的坚定不移的态度，信仰就像灯塔……那么，信仰是什么？信仰在我们的生活中究竟处在什么位置？

网上流传过一位大学生写的帖子，大意是：他的学校被称为“青年疗养院”，一些同学整天不是玩游戏就是聊天。为什么大学生中流行“郁闷”这个词呢？除了对就业前途悲观失望外，还有就是“信仰危机”。因为在当代价值观念多元化的影响下，有相当一部分学生崇拜金钱，喜欢享乐……他还说：“当然，从人性角度看，这也是人之常情。当理想与现实发生矛盾之时，便产生了颓废的意识，借酒消愁，借钱消费……”他还认为，问题的存在不可怕，可怕的是大部分人对此见怪不怪。

这位大学生陈述的是真实的困惑。信仰对一个人，对一个青年而言是不可或缺的。有人认为今天是一个政治信仰消失的时代，原因不外两个方面：一个是世界范围内政治博弈方式的变更，另一个是社会生活方式的变化。比如，以信仰不同而形成的长达半个世纪的两大政治集团的矛盾，随着前苏联的瓦解而不再突出和尖锐；随着世界经济全球化，国家间的政治利益开始让位于经济利益，同时人性化思潮的兴起，使大众的兴奋点有了新的转化，人们的政治热情与信仰表现方式也发生变化。这往往给人以政治信仰不再在生活中占有重要位置的印象。在生活中，我们也似乎感觉政治信仰这个概念很抽象，离现实很远，所以有人觉得它不真实。

实际上，信仰本身所具备的独有特征就在于：凡是信仰的都是看不见摸不着的，看得见摸得着的不叫信仰。同时，凡是信仰的都是难以实现的，已经在社会中普遍存在并且反映于大众日常生活中的不是信仰。从本质上讲，政治信仰属于精神的范畴，多表现为崇高而又遥远，因而也就易于使一些人产生虚无缥缈的感觉。其实，信仰是随着国家的产生而强化的，不管是何种信仰，都能够也必然地满足某一部分人的精神需求。可以断言，只要人类尚且存在着精神追求，只要国家和政党存在，政治信仰就不会消失，只不过表现形式有所变化而已。应该说，政治信仰是人对主义的信奉，并且这种信奉已经内化为语言和行为的准则。当政治信仰真正进入我们的灵魂世界并指导行为时，它就化为了动力，并可产生出令人难以想象的奇迹。

6. 如何看我们“原本就不是一个拥有信仰传统的民族”?

讲到信仰，有人便作出一个痛苦的判断：中国人缺少信仰。这个判断有一定道理。相比较西方社会，我们不属于拥有宗教信仰传统的民族。诗人但丁讲过，西方有两个太阳，一个是政权，另一个是神权。西方文明有两个基本的源头，一个是古希腊文明，另一个是基督教文化。这都说明西方的宗教传统很深厚。相对而言，中华民族并没有整体的宗教信仰。以佛教为例，我国历史上曾出现过“三武一宗”灭佛，即北魏太武帝、北周武帝、唐武宗和后周世宗的灭佛。再加上我们的宗教信仰中对灵魂的关照不够，更多的是满足于现实功利，所以在支持大众的道德行为与精神追求方面也不够理想。

中国历史上曾经拥有过维系封建统治两千余年、并且与其政治和社会特征相适应的核心价值体系，这就是儒家文化中的仁、义、礼、智、信，礼义、廉耻。儒家文化虽然博大精深，但这种以儒家文化为基础，产生于小农经济基础上的核心价值观，与今天进入工业文明、信息文明时代，知识经济主导社会的情况已经不相适应。囿于传统文化不进行突破，必然阻碍适应于今天的文化精神支柱的构建。此外，新中国成立后，公众的政治信仰被建构起来，但近几十年的世界和国内的大变革，又在一定程度上将其解构。凡此种种，使我们的精神世界出现了紊乱和碰撞，甚至是虚无，反映在社会行为上即是短期行为、急功近利、媚俗与感官刺激。

核心价值观是一个民族、一个集团或单个人长期秉承的一整套根本原则。它从深层次稳定而又恒久地影响着个体或群体的思想观念与价值取向。当一种最根本的价值体系确立起来后，全社会共同遵循的约定才会形成，大众的价值取向和行为准则才拥有了坐标。

一个社会要保证和谐，并不仅仅体现于对多元价值观的宽容，还需要在多元价值观中塑造主流精神，确立核心价值，使我们真正成为一个拥有信仰传统的民族，社会才能实现真正的和谐发展。倘若大众对国家和社会的认同程度，及其对未来的期待与追求，在差异程度上任意放大，那么多元只能带来碰撞，带来紊乱和无序，如此无以实现社会的和谐，无以实现中国与世界的和谐，甚至不能实现人与自然的和谐。

没有以核心价值为骨干的精神大厦，大众的精神便会失去依归，社会就无以实现和谐。

7. 在当代社会环境下，为什么要提倡英雄主义?

大国的复兴是一种文明的复兴，而文明并不仅限于物质，更包括精神。

英雄主义是什么，其实就是一种勇气、豪气和担当精神、牺牲精神。这种精神在任何民族、任何时代和任何社会状态下都不可或缺，它决定着一个民族、一个政治集团、一个社会、一个人的价值追求。

中华民族的伟大复兴面临着“前所未有的机遇”，同时面临着“前所未有的挑战”。要应对挑战，英雄主义不可少。对一个社会或民族，甚至整个人类来说，有一个规律永远存在：要么走向崇高，要么趋于媚俗，其间只有临界点，而没有中间地带。或许我们一生都难以做到绝对的崇高，但也绝不应甘于流俗。我们不可能总是生活在精神世界里，但绝不应仅仅为物质生活而消融英雄气。

8. 我们该如何看待宗教信仰?

宗教是伴随人类发展最早的对精神领域的追求。本质上是借助了自然界中存在着的大量不可知的东西，做出符合自己需要的理论解释，保证拥有理论上的说服力。虽然随着科学的发展和人类文明程度的提高，许多原本不可知的东西变得可知，但毕竟自然界仍然存在，并且继续产生着不可知，因而宗教必然有其发挥的空间，仍具有很大的诱惑力和影响力。

宗教中最积极的部分是倡导人们向善，其最重要的价值之一是劝人修善行，做善事，求善果。如果人类都向善，社会必将变得更加和睦。当然，宗教存在的价值并不仅限于此，它还是人类精神的避难所，给那些遭遇灾难且无助的人以精神安抚。

宗教的影响力不可忽视。在可知的精神领域，还没有什么力量可以与宗教信仰相匹敌。一方面，宗教信仰足以使人带着轻松快乐的心情扑向死亡，这是一般政治教化所无法做到的。另一方面，有了这种力量，人类可以做出不可想象的事情。比如，人们都说埃及金字塔即使今天来建设，都是极其困难的，然而在4500年前生产力十分低下的条件下建设起来，靠什么来完成？靠的就是宗教狂热。正是由于埃及政教合一的国家结构，导致了埃及长达数千年的稳定，也正是由于宗教的巨大煽动力，使埃及人完成了大多情况下非人力所为的事情。

《圣经》是一本宗教经典，然而，历史上许多伟大的艺术品，包括文学、音乐甚至法典都受其影响。法国作家海因里希·海涅就曾说过："我所得的启发完全来自读过的一本书，一本古老、纯朴的书。它像大自然一般朴实无华，毫不造作……这本书的名字很简单，就叫做《圣经》。"据联合圣经公会发表的统计，迄今为止，圣经全书或部分已译成2100种以上的语言和方言。自1455年左右由法国发明家古腾堡用活字印刷术印成第一本《圣经》，在二十一世纪前已印出约40亿本左右，目前每年仍以6000万部的速度印刷着，成为一部影响面最广最大的书。尤其是圣经的流传特点，很有说服力。在印刷术尚未产生之前，是由人与人的传抄完成。据统计，《希伯来语圣经》总共有81万5100个字母，目前圣经最早的抄本产生于公元前2世纪，是1947年由一位牧人发现，通过对现存的6000份手抄本考证，这个抄本比此前发现的最早抄本早1000多年，差异却是出乎预料地小。正如学者托马斯·哈特韦尔时所说，是宗教的力量使抄经士已经达到了"算出哪个字母位于摩西五经的正中央，哪句话位于每本书的正中央，以及在整本《希伯来语圣经》中，每个希伯来字母出现过多少次"。

同样，在中国历史上，能够证明宗教吸引力的事情或人物有很多。比如，中国第一个去印度取经并且成功的是法显，出生于山西临汾，俗姓龚。公元399年，从长安出发，年过6旬的法显同行有四人。在西出阳关后，他们穿越白龙滩沙漠，只能"视日以准东西，人骨以标行路"。翻越阿富汗苏纳曼山时，风暴突至，天寒地冻，同行的慧景死在山上，法显毅然继续前行。他先后在印度、斯里兰卡游历12年，于411年漂洋过海到达山东崂山，累计翻译佛经6部32卷，上百万字。

宗教是改变不了现实的，否则信教者或者宗教圣地就不应仍然产生那么多的苦难。宗教的价值主要的是改变人的思维、心态和心境。而就人而言，许多情况下，感觉、知觉都出自思维与心态，这也是宗教能够存在下去的重要原因之一。在可预见的时间内，宗教不会消亡，是因为其具有能够满足人的某些需求的东西。所以，我们必须对宗教蕴涵的一定的积极作用加以关注。比如佛教中一个最为普通的用语是“觉悟”，所谓觉悟就是指把握佛教道理，并以此去认识人生，指导生活实践。作为导引出佛教的梵文音译“佛陀”抑或“佛”之称，也就是指的“觉悟者”。其间的逻辑关系即为：修行是为了“觉悟”，真正觉悟者，特别是不仅自己觉悟，还觉他者，或者说帮助别人解脱，按大乘佛教“普度众生”者，就是佛。由此说开去，真正修佛，不仅要处理好自己的一切行为，同时还必须更多地帮助别人解决困难，唯此方可求得一条美好的出路。宗教的这种从内心深处对人的教化作用，从一定程度说是值得认真研究和借鉴的。

9. 为什么宗教信仰有那么大的影响力？

为什么宗教信仰有那么大的影响力？难道信教者从不怀疑宗教教义吗？这是没有宗教信仰的人经常提出的问题。

一般而言，信者不出，疑者不入，信奉某一种宗教总是与自己的欲求或惧怕相联系的，换句话说，任何一种信奉的宗教总是不断地向信奉者灌输满足其需要的理念，以此强化其信仰。在强化宗教信仰过程中，不仅从教义上展开，同时还从仪式和宗教环境上强化，比如佛教要烧香拜佛，基督教要进教堂祈祷，伊斯兰教要做礼拜。不仅如此，每种宗教的仪式还有详细的规定。比如伊斯兰教的教徒在做礼拜时，要面向麦加克尔白清真寺方向，口诵“真主至大”，然后依次完成抬手、端立、诵经、鞠躬、叩头、跪坐等“六仪”，并且这种仪式每天要做五次，包括拂晓前的晨礼，正午刚过的晌礼，日偏西至日落前的晡礼，日落至天黑前的昏礼，天黑后的宵礼。这种礼拜的形式所蕴涵的是每天用清水洗濯自己一次，保证不会沾染罪恶的污垢。除此之外，还有斋月期间白天不饮食，只能待晚上进食，目的是通过这种方式来使人节制欲望，磨炼意志；一生一定要到圣地麦加朝觐一次，至少是请其他穆斯林代为朝觐。试想，当一个人从小到大，每天看的、想的、听的、说的、做的皆与教义教主有关，通过仪式、理念乃至宗教建筑、宗教雕塑不断增强心理感受，如此下来自然会产生巨大的作用使宗教的影响力得以强化。

10. 关于信仰的价值与作用我们应该进行哪些思考？

人以自然方式存在的时候，力量总是有限的，一旦以社会的方式组织起来以后，力量将以几何速度倍增。所以，作为社会的管理者，其着眼点主要在组织建设，但最具力量的是信仰。只有从信仰层面着手，才能获得更彻底、更巨大的力量。

我们不妨从美国第一任总统华盛顿说起。为何他在声誉如日中天的时候放弃总统连任？其重要原因就在于信仰的力量产生了作用。作为美国总统，同时又是美国人民心目中的英雄，华盛顿不可能完全消除自己潜意识中的英雄主义情结。但正是由于对新的制度与道德理念的信仰，使他具有了抑制个人英雄主义心理膨胀以及抑制自己权欲膨胀的免疫力，进而放弃了总统连任。

有人分析认为，华盛顿是一个崇尚理性主义者，而欧美的理性主义是建立于理性原则必然凌驾于个人价值之上，建立于自由民主和平等之上。尽管西方是一个个人主义的社会，但这种个人主义依然需要理性约束。华盛顿曾经说过，美国的“宪法并非完美无缺，但如果考虑到组成制宪会议的形形色色的成分，以及要予以照顾的各种各样的利益，这部宪法中的根本性缺点是如此之少，实非始料所及。”在此之外，华盛顿还将一种存在于心灵深处的某种敬畏之心结合了进来，作出这样的人生选择也就顺理成章了。

犹太人抵抗罗马侵略者的历史，反映出的信仰的力量是如此磅礴。在公元66年爆发的前后持续7年之久的“犹太战争”和发生于公元115年、公元132年的两次反抗罗马统治的战争中，犹太人被屠杀了100多万人，被掳到罗马本土充当奴隶的也有数十万人。这对于总数仅有700多万人的民族而言，其灾难程度不言而喻。马萨达要塞960多名起来反抗罗马统治的起义者，为了不当俘虏，最后决定集体自杀，仅有两名妇女和5名孩子幸免于难。犹太人起义军首领约瑟福斯在一本书中写道：“在耶路撒冷陷落前，起义者把所有能吃的东西都吃光了，包括稻草、兽皮、腐肉，甚至是祭坛上的祭物。即便如此，人们仍然不愿向罗马人投降，因为他们深知自由的可贵。”这种对自由的无限憧憬，反映的就是一种信仰，也正是这种信仰使他们不屈不挠、不惧死亡。从他们身上我们完全可以得出这样一个结论：人有了信仰可以不惧生死，失去了信仰则会苟且偷生。

中华民族之所以生生不息，其一在于内陆农业社会本身就具有很强的稳定性；其二在于我们的文化特征与生存环境的和谐。

到了今天，我们需要重视与强化的仍然是信仰，但强化什么样的信仰，需要深入研究，尤其是强化不同阶层和群体的信仰更是亟须解决的问题。

11. 如何判断人的理想追求?

一个人不可能不考虑自己，但假如人生的终极目的和所有的行为，都明显而又直接地表现为享受，以至于为了这种享受到了不择手段、不计后果的程度，这个人的结局也就可以预知了：最好的结果不外乎仅仅得到物质的享受、感官的刺激和权力欲的满足，根本谈不上什么理想和追求。

如果把人生的终极目的定位于完善自己同时满足社会，定位于社会价值的创造和大众幸福的促进，并且这个过程又是按照人类统一的价值标准和规则进行的，那他就是一个高尚的人、可敬的人。

一个人根据所处的时代背景和社会环境充实人生、塑造人生、完善人生，其精神世界的提升、其社会价值的创造一定永无止境。因为，当你的目标改变和境界提升后，所获得的已不仅仅是有形的财富，还包括无形的财富。

不管持有什么样的人生价值观，都不能不承认：人不可能仅仅为自己而活着。如果纯粹是为了一个本能的、本性的和单纯的“我”，大可不必逆着自己的性子来，反着自己的兴趣走。为什么生活中的人们常常要做一些未必源自兴趣，但却一定要做的事呢？原因即在于此。

所以说，人活着一定还有除了自己之外的东西需要关照。为一群人活着是可取的，为一个社会、一个国家、一个民族活着是可贵的，为人类活着则是可敬的，尤其值得推崇，值得弘扬。道理并不复杂，但实践起来就像登山一样，愈进愈难，愈难愈进，上得峰巅，方可享有“一览众山小”的精神愉悦。

12. 怎样看待理想主义?

一个人最初确立的理想目标，囿于经历、见识与分析判断力，往往表现得稚嫩，甚至脱离自身素质条件与现实社会需求，难以实现。对于这种尚不完善的理想目标，只要善于修正，就可以由不成熟走向成熟，由不具有操作性而变得切实可行。怕的是，理想目标变得僵化和一成不变。这种不作调整的理想目标，不仅不能导向美好的未来，还极有可能演化成限制人发展的教条，结果或终其一生无所收获，或蓦然回首才发现长期痴心追求的仅仅是幻觉而已。理想不是信仰，尽管它同样要求避免庸俗而求崇高和远大，但毕竟需要有实质性的结果，决不能远大到不可知，更不能远大到虚无。

人生追求的应是理念上的完善和最终目标的完美。聪明的人不会反理念，不会为最终的完美难以实现而彷徨，也不会为现实的丑陋而却步不前。当然，面对具体事情时，艰难的选择在所难免，关键在于如何艺术地处理。

就人生过程来看，纯粹的完美主义意味着平庸。因为人的精力有限，人们的鉴赏能力与价值判断也不尽相同，力求满足所有人，就不能按照自己的思维做事，就会犹豫不决，久而久之，也就失去了真实的自己。

13. 如何看待中国的慈善事业?

中国的慈善事业远未成熟，主要原因是中国社会处于转型期，一些转型期固有的特点和问题绕不过去。一方面，原有的道德价值体系或者说儒家道德伦理已经被打破，新的道德价值体系尚未建立。另一方面，我们从“精神万能”中走出，却又走向了另一个极端——金钱万能，这就出现了以庸俗质疑高尚的现象。

要使人生有意义，就必须不断提升精神境界。让更多人真切认识这一规律，需要一个过程。社会转型期显示出的问题，制约影响着现代慈善理念的确立，间或瓦解着慈善事业的基础。可以说，中国的慈善事业处在一个纠结期、痛苦期，需要我们以积极的心态看问题。

目前慈善事业已经进入一个拐点。大家都想改变、改良中国现状，那些批评和不满，其实蕴涵着变革的动力。

规范慈善事业发展必须综合治理。对于大众来讲，我们的视角和思维方式要调整。这个社会是多元的，我们要以积极的心态看问题，不要放大坏现象。看多了丑陋，人的心态就会灰暗；看多了阳光，心态就明朗。单个人是这样，一个社会也是这样。作为媒体来讲，要担负起责任来，不要老是追逐“人咬狗”的新闻，渲染触及灵魂底线的丑闻，收视率是来了，但导向坏了，还是应该多宣传光明的一面。同时，制度设计也要完善。社会一定要弘扬高尚，要体现那些为社会作出贡献的人的价值，否则价值体系怎么建立？最重要的一点是，领导干部要带头。各级领导干部不能总是教育群众要怎么样，要以自身的行动多引导并感动群众。

每个人都是社会的人，单个人改造不了社会，但社会一定是由单个人组成的。我们每一个人都应该承担社会责任，不是别人要我们承担，而是我们应该这样做。只要你想在这个社会拥有美好，就应先美化自己。我们希望别人怎样对待自己，我们就该如何对待别人。

感动有三个层次：一是被人感动；高一个层次是感动别人；更高一个层次是自己把自己感动。当自己都为自己美好的理念所感动时，道德就达到一种境界了。我们不能苛求人人都高尚，不要倡导大家把自己的东西都捐出去，因为爱和善不是用金钱来衡量的。最重要的是：人要想活得有意义，心中就必须有善念和信仰。有信仰，才有敬畏；没有信仰，道德是走不远的。

14. 解决观念领域信仰困惑的出路在哪里?

作家王蒙曾经这样评判青少年中出现的“信仰危机”现象：近年来，中国社会发生了巨大变化，占有关系调整了，带来许多诱惑，社会固有的价值标准和道德标准受到挑战。比如，顾全大局的集体主义被肆意张扬的个人至上论调质疑，一直推崇的勤俭节约美德正在接受消费主义和物质主义的挑战，婚姻和睦的基础遭受新式生活观念的冲击，等等。究竟如何理解观念领域产生的困惑？当务之急，需要激浊扬清，明晰主流价值的追求和价值的判定。不解决这个问题，必然导致青少年的信仰危机……

对政治集团或单个人来说，信仰只能有一个。一个集团中多种信仰并存，必将形聚而神散；多种信仰存在于单个的人，则会造成双重人格，甚至是人格扭曲、人格分裂。但从一个民族、一个社会的角度看，多种信仰并存是一种客观现实，也正因为多种信仰及其价值观的存在，凸显出构建主流价值观的重要性和必要性。在价值观念多元的状态下，一个社会不能形成核心价值观，就难以形成主流精神。没有主流精神便无以校正前进的方向，更不会有很强的凝聚力和向心力，进而不会升华为信仰信念。当一个政党倡导的核心价值观被整个社会所接纳，就会具有顽强的生命力，并且强烈地影响着人们的行为，成为一种行为准则。

核心价值观实质上是由执政党倡导和推广的价值体系，反映了阶级、社会和民族文化传统之精神实质，是一种为大多数人所信奉的主流价值观。任何政党要保证执政的长期、稳定和合法，必须构建起核心价值观。我们是共产党执政的社会主义国家，不管是信仰还是执政理念，都决定了核心价值观应当是马克思主义所倡导的“实现人的自由、解放和全面发展”，包括今天大力倡导的“立党为公，执政为民”、“科学发展观”、“和谐社会”、“以人为本”等，都属于核心价值观在现实社会的丰富和发展。

既然我们的核心价值观一直存在和坚守着，为什么还会出现一定程度的价值判断的紊乱，进而影响到信仰信念的坚定呢？主要原因在于：我们倡导的核心价值观在进入社会现实生活时，没有解决好与人们感知层面的对接，出现理论上无可辩驳、实际中却常受其他价值观念所影响的现象，传播过程中的短期行为过重、功利意识过强等问题时有发生。

对于一个青年人而言，当崇高信仰真正确立起来以后，人生境界便得到提升，胸怀便变得更加宽广，恒心与耐力便得到强化，并带动周边的人。所以当有人喊“远离崇高”时，我们便不能不认定：一个人真正远离了崇高，结果必将是媚俗甚至是颓废。

15. 在不健全的社会机制中如何坚守原则与操守?

在一个并不健全的社会机制和不健康的价值判断的基础上，要坚守自己的理念和操守是一件十分不易的事，需要很大的勇气。

1919 年 5 月 4 日的火烧赵家楼，堪称当时举国支持、不容争辩的爱国之举，稍有异议便有可能成为公敌。但就是在这样的氛围下，著名学者梁漱溟，还是表达了更为理性的意见，认为必须对北大学生中的纵火者提起公诉，然后在法庭上特赦。这是因为，无公诉，不足以维持法制尊严；无特赦，不能体恤学生的爱国热情。

在当时的情形下，能以更深远的思虑面对，且不避毁誉勇敢地表达出来，这是一种多么大的勇气。蒋百里形容得好：百年中国如一个酒精中毒的病人，跄步前行，跌跌撞撞，在内忧外患的挤压下，几乎失去了理性。没有了理性，就剩下一时的酒性。酒性意味着，制度化低，可预期也低，什么都不会发生，什么也都会发生，唯有历史的锋刃在暗中逼近。

曾有一段时间里，中国高校出现了为官员和富商批发博士帽、硕士帽之风。是什么原因使大学放弃操守而变得媚俗？什么是大学应有的操守？这已经成为影响中国大学走向的根本问题。美国哈佛大学拒绝过里根总统的名誉博士的要求，牛津大学谢绝了阿拉伯巨商千万美元的捐赠，清华大学拒绝黎元洪、冯国璋两位总统的公子免试入学。相比而言，今天的大学之所以做不到以前曾经做到的操守，表面原因是学术殿堂官僚化，关键原因在于社会中已经形成和正在强化一种不良的人文精神——权力的滥用和道德的贬值，以及我们坚守了多年的理想信念的缺失。

一个人在充满诱惑的社会环境下，如何才能更好地修养自己？

古人早有断言："与善人居，如入芝兰之室，久而自芳也；与恶人居，如入鲍鱼之肆，久而自臭也。"这里讲出了环境因素的巨大作用。但是，个人的主观能动性和价值追求亦很重要。同样的事物在不同人看来可以得出不同的价值认定，其原因就在于此。人不应使自己的心灵污浊不堪，只有明亮洁净，才可以为人所认同，同时求得自己的身心康健。在物欲横流的情况下，洁身自好一定是实现理想和远大目标者的必备条件。

03

第三章

监督我们的社会管理

腐败现象触及的更根本问题是机制不完善。

解决腐败问题的根本出路是健全制度，以制度限制后来者重蹈覆辙。除了整治处理好已经发生的腐败案件，重要的是用制度、用机制防堵后来者。

有了制度还必须有道德作保证。

1. 如何评价当前社会的诚信状况?

从某种程度上说，我们的社会正在面临诚信危机。这种危机的危害非常大，必然导致效率降低、交易成本大大提高。

有一位留学德国的高材生，毕业后准备留在德国，却在求职过程中屡遭各大公司拒绝，降格求职仍未如愿。在被一家不起眼的小公司婉拒后，他怒火中烧控告公司种族歧视，对方从电脑里调出一份档案资料，显示他在留学期间乘坐公共汽车时三次逃票被抓。按照德国万分之三的抽查概率，一个人三次被抓，几乎属于一个逃票狂，这在诚信重于一切的德国人看来是不可饶恕的，当然成了一个不受公司欢迎的人。

为什么德国人如此看重这些在我们看来属于鸡毛蒜皮的小事呢?原因在于这样一个推理：一个连蝇头小利都不能克制的人，怎能寄希望他在遇到更多金钱和其他诱惑时不将公司的利益出卖?这种可能性已经存在，为什么还冒险聘用呢?

解决类似的问题，道德自律固然重要，机制建设更带有根本性。一位离开新加坡的中国学生，手拿机票却登不上飞机，因为他借的图书馆的书没有归还。不仅如此，只要在新加坡有过劣迹的人，很难再踏上这块土地。原来，在新加坡，每个人的资料都登录于公共信息处理系统，人们可以随时通过这一系统查得你的材料，假如有劣迹，一生都不可能洗刷掉。在这种情况下，一般人当然会谨慎对待自己的行为。相比而言，我们十分欠缺这些机制建设。当违规行为被处罚的概率十分低时，就不能寄希望人们通过自觉约束自己的行为。

除了机制建设外，还需要确立公共道德价值观。如果一个社会的道德价值观出现了扭曲，不以丑恶为丑恶，怎么能够建立起有序的道德价值观念？相反，当一个社会形成了成熟的道德价值观，一个无道德、无诚信的人，所面对的是公司不接受其求职，银行不接受其贷款，大众不愿与其合作，邻居不愿意与其交往，还有人敢于以自己的生存为代价吗？

失去诚信，社会成本将大大增加。它绝不可能简单地只靠倡导什么或者制定什么规定等单一的方法即可解决。只能随着社会发展和文明程度的提高而逐渐消除。美好社会不是上帝赐予或自然来临的，需要我们每个人的努力。只要我们的行为是积极的，结果必然是好的。

2. 如何改变公信力缺失的现状?

导致当前某些领域道德价值观的紊乱的重要原因之一，是公信力下降。这种公信力的下降既包括公德建设的主导者——一些政府官员的行为，也体现于公众的社会交往中，更包括经济领域的活动。

从当前的商业经营情况看，问题就很严重。有人说公司经营过程中有意拖欠和事后压低货款已经成为一种新的商业运行规则，是一种获取“利润”的有效方法。据报道，在某地区法院经济庭审结的363件案件中，被列为“不讲信用”的达219件，占总数的60%以上。一些企业恶意“废”债，已经到了令金融机构“谈虎色变”的地步。当逃赖债务成为获利重要方式后，怎能保证更多的人守信?从某种意义上说，失信已经成为一种新的潜规则，治理公信力下降已经成为维护社会秩序、保证经济发展迫切之举。

当这个社会、集团或个体的人的信仰、信念意识弱化时，真正能够解决这一问题的，唯有靠机制和法治建设，靠制度的约束。当制度显示出并让违规者切身感受到违规成本远大于获利量后，违规者自然会减少。

3. 为什么许多人不相信媒体宣传?

许多人不相信媒体宣传，从表面看是新闻工作者失德而导致新闻失真，更深层的原因则是全社会存在着观念误区，即过度追求新闻的正面宣传。

从我们司空见惯的现象中，足以看清这一点。比如，政府拖欠教师工资，待到“教师节”时补齐所欠工资，这无非是将功补过而已，但这多被宣传成官员的政绩，而我们的教师也因此感激涕零。再比如，某一干部因公殉职后，媒体对其大肆宣传，进而追授各种荣誉。既然该同志那么好，早干什么去了？对如此好的干部视若无物，要么是所在单位领导的失职，要么说明我们的机制出了问题。此外，还有那些把交通警察引导盲人过马路宣传成学雷锋做好事，领导干部在本单位食堂就餐宣传成清正廉洁，都是走入了片面追求正面宣传的误区。

过度地追求某一目的的实现，只能造成对事实本身的扭曲。人民网上有过这样一篇言论，题为《事故也能成“政绩”?》。文中讲到：一般情况下，事故发生后，当地领导高度重视，迅速组成以某领导为首的事故处理小组或抢救小组，领导亲临一线，指挥抢救行动，寻求遇难者的遗体。他们冒着严寒或高温酷暑，不顾疲劳，亲自坐镇指挥。之后是到医院看望，开会总结经验教训，布置清理整顿工作……与此形成鲜明对比的是，事故本身不再重要，遇难家属、财产损失都不再被关注，对于责任人的处理也多是轻描淡写。如此新闻，脱离真实性已经太远了。

这种情况实际上已经在影响着大众的价值判断。有人曾经分析过“电视中的‘群众语言’”，不管大人孩子，只要上电视镜头，所讲语言就失去了老百姓的真实劲，都采用了背诵式，且引述的都是报纸上的“社论语言”，几乎没有个性。有位外国记者这样说：“中国有十几亿人口，真是团结得像一个人似的。不仅思想统一、步调统一，而且男女老少讲起话来措词语气都很统一。”因为不务实，久而久之已经影响到行为的方方面面。

当然，这种情况并非今天才有。当年，一位美国记者曾向李鸿章提问：阁下，您赞成将美国的或欧洲的报纸介绍到贵国吗？李鸿章回答：清国办有报纸，但遗憾的是清国的编辑们在讲真话的时候十分吝啬，他们只讲部分的真实，而且他们也没有你们报纸这么大的发行量。

显然，如果不能诚实地说明真相，这样的媒体就失去了本身的价值，也就未能成为广泛传播文明的方式了。

4. 是什么让我们不敢讲真话?

权势的强弱与分量感，不在于官位本身，而在于面对权力时的心理感受、心理状态，在于文化为权力营造了一个什么样的氛围，套上了一个什么样的光环。

就前者而言，如果是在一个封建意识很强的、封闭的社会，大众习惯于跪着说话，思想深处没有了民主、平等、权益，留下的仅有对权势的仰视，权力必然被无限放大。如果是在一个开放的、价值观念多元的社会，尤其是在一个民主、平等思想深入人心的社会，权力在运行过程中随时受到监督和制约，这时的权力便只是服务于社会的方式和手段。

就后者而言，不同的文化在为权力制造着不同的存在基础。封建因子浓厚的文化，便不遗余力地为权力套上一层层耀眼的光环，以此炫人眼目；民主因子浓厚的文化，所做的仅是将原本套在权力上的光环一层层剥去，弱化权力的分量感。可以肯定的是，随着现代政治文明的发展，文化注定不再成为强化权力的催化剂，进而使权力回归原本。

权力缺少监督，犯错误是难免的。没有科学的制度，则无以让那些人格独立者拥有立足之地。《杂文周刊》曾经刊出过一幅漫画：一个老虎拍着桌子大骂一群羊：有意见你们就提嘛，我也不知道你们怕什么。实际生活中问题更突出，比如，某领导在位时搞了一个形象工程，大家都知道原因但都不说，直到领导调走后才讲本应说的话。前苏共总书记赫鲁晓夫在一次批斯大林错误的会上，讲了许多问题。有人递条子：斯大林在世时你也是中央的主要领导，为什么当时不提，而现在一味讲斯大林的错误！赫鲁晓夫马上把条子念出来，并要求写条子的人站起来，结果自然是无人站起来。赫鲁晓夫说，现在这样民主，你们尚且不敢站出来，在那个不民主的时代，我能站出来吗！

说真话难，与之相对应的当然是假话盛行。假话盛行到足以盖过真话，足以成为大众的处世哲学，这已经进入病态，或者说社会发展出了问题。

不能否认，所有国家的所有政党都有控制人们思想的欲望，至少是影响人们思想的欲望，这没有什么不可以。问题的关键在于如何地控制和影响，如果简单地设置禁区，发展的结果很可能会走向初衷的反面。

5. 如何看待制度与腐败的关系?

按照英美法系的规定，所谓贿赂，除了金钱财物，还应包括当事人的性贿赂以及免费旅游，等等。相比而言，我们的《刑法》只规定了收受财物为受贿，这难免造成一部分重权在握，同时理想信念淡漠，道德良知缺失的领导干部拼命享乐。

这方面的事例，媒体报道已不鲜见。天津某个区的卫生部门，为了解决医药采购吃回扣问题，甚至制定了上交回扣款返还的规定。或许这样做的初衷是好的，但结果却导致了腐败合法化，某种意义上还有“洗钱”的味道。至于贪污数额的重罚标准，同样值得商榷。在西方一些国家判断一个官员是否构成受贿，主要不是从数额上判断，而是从性质上作出认定。香港廉政公署曾经判过一桩受贿案，金额是5港元。在这方面，有些古代官员的认识同样深刻。比如一个管库房的小吏偷了一串小钱，县令判打其30大板，小吏大喊冤枉，并责问凭什么判如此重？县令答称：“一日一钱，水滴石穿，绳锯木断。”显然，我们不应当把非法的东西合法化、制度化，否则，对社会造成的危害将是极大的。

一个社会缺失了基本的规范，必然会带来行为乃至思想上的紊乱。许多人甚至不知道什么是对的，什么是错的，很大程度上是由于社会相关机制不健全。按法理来说，法无明文规定不为罪，可是在现实生活中，有位打工者却因为多看了几眼衣着单薄的路边纳凉母女，便被执法部门控以所谓的“窥视青春罪”。再比如，中国电子物资总公司安徽公司总经理陈晓利用职权为下属干部李剑峰承包单独发文，将其承包提成比例提高 6 倍。后来李为了感谢陈的照顾，先后送去 33 万元人民币和 15 万元港币，合肥中院一审判决却以“公诉机关现在证据不能证实陈晓在履行职务的过程中与李剑峰有贿赂的约定，或者对李剑峰事后给予财物有主观上的期待”而宣布陈晓无罪，当庭释放。这实在出乎常人的预料之外。

在认定受贿罪上，我们的《刑法》规定受贿罪对象是财物，而在国外，不管是大陆法系的日本和德国，还是英美法系的英国和美国，都是把受贿的对象包括财物之外能够满足人的需要的一切有形、无形的利益，比如邀请旅游、免除债务、提供色情娱乐，甚至包括女当事人的性贿赂。类似“扰乱社会秩序”、“扰乱公共秩序”、“扰乱社会治安”的模糊性法规词语，往往不符合“罪刑法定”的原则，也容易导致误读或滥用。

6. 为什么说观念领域的腐败最可怕?

所谓观念腐败，就是在对腐败问题的认识和判断上，见怪不怪，甚至认同腐败，羡慕腐败，对腐败不以为耻辱，反以为荣。这种人在心理上经常暗示自己：既然大家都腐败，自己也腐败一点理所当然。每当存在腐败机会，不腐败一下就会产生失落感，在腐败过程中则全不存在着与道德感的冲撞。

最可怕的是观念腐败，最难治愈的也是观念腐败。

一个社会中出现部分人面对诱惑把持不住自己，并不可怕，只要不断完善机制，堵塞漏洞即可。只要腐败问题没有触及观念领域，只要大家还有道德感在时时影响着行为，腐败问题都能够治愈。但是，假如腐败进入了观念层面，进入了大众的无意识，这时就出现了质的变化。修身前先要正心，因为“心正而后身修”，心变更带有本质意义。也就是说，当人们形成了你腐败也是腐败，不腐败还认为你腐败，你腐败说明你有本事，不腐败是傻瓜的观念形成之时，不腐败的人也就会逐渐少起来。

7. 遏制和消除腐败为什么步履维艰?

遏制和消除腐败为什么步履维艰?关键是机制建设不到位。安徽省原副省长王怀忠被查处时，阜阳一位干部的一段话发人深省:“公平地说，将阜阳的一切都归咎于王怀忠身上不公平。而且这些问题也不仅仅在阜阳才有。其实好多问题都不敢深查，比如说，这些官员行贿的钱又是从哪里来的?这样深究下去，涉及的人太多了。”然而，不真正深究下去，就很难遏制住腐败问题。我们惩治一些腐败者，严处几个高官，固然可以震慑一部分人，但当亡命心态和侥幸心理产生后，人们想的可能这几个高官运气不好而已。由此而言，还是从机制建设上入手来得更彻底，更管用。

关于腐败的本质，正如大家已经达成的共识，“腐败是为谋取私利而对公共权力的滥用”。腐败可以发生于掌握公共权利的官员中间，也可以发生于商人，甚至普通人中间，区别仅仅在于程度和表现方式，而不是实质。就现实社会来说，大家更多的是谈来自官员中的腐败，因为这是源头，它会污染水源。

只要社会中存在着公共权力，并委托给部分人管理，只要管理和运用权力者的道德和理性尚未达到完善的程度，腐败问题就很难禁绝。所以，我们要认清遏制和消除腐败的艰巨性，虚心借鉴世界范围内惩治和防控腐败的有益经验。

8. 解决腐败问题的根本出路是什么？

腐败问题暴露出的是机制不完善问题，主要是监督不到位。

监督的路径很多，包括监察机构和舆论，这两方面我们都有不完善的地方。

从监察机构看，虽然纪委、监察、反贪机构健全，但由于权力运行的内在机制的影响，有时难以发挥足够的作用。比如沈阳市发生的慕绥新、马向东腐败案中，当时沈阳市一年的土地转让金年收入是7000万元左右，而大连市则是17亿元。两相比较，沈阳土地批租存在的问题，几乎每一个人都能够轻易地发现，却长期得不到监督和纠正，说明监督检查乏力。韩国的检察机关是专门盯着权力部门转，你没有问题，他想法找你的问题。我们有了问题却发现不了问题，或者在有些地方发现了问题也不敢查、不能查，这说明的只能是运行机制不科学。

从舆论监督来看，监督的力度和广度还远远不够。哈尔滨汉广街有一个路段，被居民称为“烦心路”，被出租车司机称为“百慕大”，但问题长期得不到解决。有一天，工商、市政等部门忽然“拧成一股绳”，“齐心合力”在大冬天修起了这条路。原来，中央电视台的“焦点访谈”节目报道了这条问题路，让政府各部门都忙了起来。本质上说，官员们怕的不是媒体本身，而是怕舆论效应危机其乌纱帽和利益。想想看，舆论监督跟上了，问题怎能得不到解决呢？

解决腐败问题的根本出路是健全制度，以制度限制后来者重蹈覆辙。除了整治处理好已经发生的腐败案件，重要的是用制度、用机制防堵后来者。香港廉政风暴时期的做法，值得借鉴。当时香港警务人员腐败成风，如果有问题者全部清除，治安队伍就会全部垮掉。廉政公署采取了登记制的方式，讲清前面的问题既往不咎，以后发生问题严惩不贷，既解决了腐败之风无法遏制的问题，同时又保证了治安队伍的稳定。

真正解决腐败问题，有了制度还必须有道德作保证。毕竟制度是由人来执行的，假如一个社会形成了一种不良的社会氛围，形成了强烈的金钱拜物教，必然导致亡命徒的产生。为什么有的前任领导进监狱，后任继续追随之？道理即在于此。

从目前情况看，在政府行政过程中出现的不作为现象，除了机制方面的原因外，道德观念方面同样存在问题。许多部门或部门中的某些官员，眼看着公共财产正在流失，却不愿牺牲自己的喝酒、跳舞时间而予以解决，这与道德缺失有关。由此而言，要解决好官员中存在的不作为或腐败问题，立法与立德缺一不可。

9. 当前干部考核的误区主要体现在哪里？

当前干部政治考核的误区主要体现在思想观念滞后上。

中国实行市场经济已经有许多年了，考核领导干部的一些指标还没有与时俱进，这不利于政府转变职能。举例来看，各地的领导干部接受考核或述职时，都把经济增长率、人均收入增长情况作为政绩的主要体现。其实，今天的政府职能更应当主要体现在准确把握和落实中央各项政策上，体现在政府提供的公共服务与社会福利上。可以说，政府的观念不改变，角色就不会改变，瞎指挥的现象就很难消除。

当前统计数字造假严重，存在于社会各个领域，成为影响社会发展的重大问题。我们往往会批评其始作俑者胆大妄为，但是，假如机制没有问题，造假者敢冒天下之大不韪吗？换言之，他们并非不知道这样做存在问题，也知道会招致群众的不满，但有了上级的首肯，并可以由此而获得利益，最终还是选择铤而走险。所以说，问题出在下面，病根却是在上面。

因此，我们只有改变政府角色，才能使之从千头万绪的事务中解脱出来，去做更多该做的事情，包括真正解决国家公务人员中的腐败问题。

10. 为什么说官员的行政方式是工作作风的显现？

有这样一则消息，由于某省连续发生烟花爆竹意外爆炸事件，于是省里决定在两年内退出该生产领域。我们且不说某省已经成为中国的第二烟花爆竹产业基地，从业人员 20 余万，年产值 10 多个亿，这对于经济相对落后的该省来说已经是个不小的数字，就是完全从安全角度来看这一问题，我们也可以说，这是个消极的因噎废食之举。

要说危险，任何领域都存在危险，而关键的问题不是有没有危险，而是如何面对危险，政府是努力通过有效的监督、扎实的工作来消除危险，还是干脆不让其存在。

类似的问题，显现在社会中的很多方面。比如互联网上有不健康的东西，这是有害的。但互联网又是科技发展的结晶，是文明进步的表现，它会大大改变社会的存在与发展模式。面对这些，消极僵化的思维方式必然是采用最便捷的方法，强制人们不上网。积极灵活的思维方式则是通过技术手段消灭有害的内容，或者做好引导工作。不同的行政方式，可以反映出某些领导者简单的思维方式和粗暴的工作作风。

11. 为什么中国人十分渴望清官？

就一个社会而言，只有人人都去美化它，才能保证人人都从中享受到美好。正如19世纪英国社会学家斯宾塞所说："在所有的人都获得自由之前，没有人能完全自由；在所有的人都有道德之前，没有人能被称为完全有道德；在所有的人都获得幸福之前，没有人能获得真正的幸福！"这无疑告诉我们，单个人很难独立于社会之外，要使自己享受到美好的生活和优良的环境，自己首先要成为美好生活的创造者和优良环境的建设者。

海瑞从政20年，官至二品，但死时仅留下白银20两，不够殓葬之资。正是由于他从政清廉，以至于成为当时官员的道德典范。然而，当时全社会贪污受贿成风，海瑞的使用问题一直是吏部最头痛的事。每当确定到某处任职，就有一批官吏提出辞职。这其中反映出的正是中国历来就有的一种人格背离：官员们十分认同海瑞的人格和官德，甚至认定谁否定海瑞，就是十恶不赦，然而一旦海瑞的行为直接与自己的行为挂钩后，就更改原有的价值认同标准。

如果想从更深层次上认识这一问题，我们可以看一个特殊的社会和历史现象：中国人十分渴望清官，实际上产生的清官又是如此之少。历数整个封建历史，可以数出来的清官不过40多位。有人说，整个中华民族的二十四史，实际就是一部腐败史。这话虽然说得太绝对，但封建统治阶层乃至平民百姓中，确实不乏贿赂心理。

何为贿赂心理？比如，当有人请你帮忙时，送来钱物，如果收下，即使没办成事，也能够为人所理解，当事者甚至替你寻找解脱的理由；如果你不收，他会认为你压根儿就不想办。媒体曾经披露，有一青年为母亲治病，给主治医生送红包被拒绝，竟然放弃了原定开刀的计划。问其缘由，青年人回答："不收红包说明成功率不高，说不定医生是拿我母亲练刀呢，与其这样，还不如不做。"

腐败问题比较严重，我们不能寄希望于社会中的某一个人能够力挽狂澜，让他们承担起能力范围之外的责任，全面承担起改造社会的责任。我们要清楚地认识到，这些人也是生活于特定的社会环境中，他们所处的社会氛围并不适宜于道德力量更大程度的拓展。人们往往对他们的要求很高，同时又没有顾及到他们和普通人一样需要精神生活。在整个社会环境没有优化起来前，寄希望于单个人不顾一切地向前行，无异于置其于死地。因为让单个人在污浊的环境中不顾一切，不讲策略地去工作和生活，很可能导致“出师未捷身先死”。即便如此，我们仍然希望更多的人去为了社会的进步而作出适当的利益牺牲，只有这样，才能保证社会现实得到改善。

12. 如何评价官员的“执政为民”?

很多官员把执政为民的理念挂在嘴上，实际行动却相差甚远。

举例来看：搜狐网曾以“女童冒雨表演”、“关爱女孩”、“重庆官员打伞观舞”等为题，报道了由重庆大渡口区九宫庙街道主办的“关爱女孩”活动。当时9个四五岁的小女孩在大雨中表演舞蹈《金葵花》，坐在第一排观看的区委、政府和教委等有关部门领导，由别人撑着伞在雨中观看。10分钟后，活动被迫停止，原因为众多围观市民发出了“孩子们真遭罪”的责备。可以肯定，那些领导者看到报道，自己都会为此而羞愧，但为什么当时却意识不到？原因在于，长期以来官本位已经扭曲了许多领导干部的心理，非正常的正常化，正常的非正常化，已经改造了一些人的感知力和判断力。

13. 当前社会矛盾突出的深层原因是什么?

出现当前社会中的种种不良现象和问题，有深层的民族文化传统、社会结构和资源结构的原因，也有社会导向与环境氛围的原因。正是诸多因素的共同作用，导致了矛盾愈来愈突出，问题愈来愈严重。

一是从文化传统、民众文化心理和社会大众的行为习惯来看。

就文化传统而言，可以说自孔子开始，人们就信奉“不在其位，不谋其政”，读书人大都是“两耳不闻窗外事，一心只读圣贤书”。就民众的文化心理而言，许多人深陷一种不健康的阴暗心理。由于自己做不到或价值观的局限，每当看到别人做了有益于社会的事情，就总用一种质疑的目光揣测人家有不可告人的目的。在这种氛围的压迫下，许多人本想做点有益于社会、有益于他人的事情，也开始犹豫不定。于是，这样的怪状便出现了。做好事像做贼，做贼者反而有恃无恐；做清官者灰溜溜，做贪官者却心安理得。

这种文化心理或者说大众的社会行为习惯，也体现在“法外求法”的潜规则上。当一个人遇到问题后，第一反应不是求助于法律或社会道德规范，而是寄希望于绕开法律的情况下如何达到目的，即先看一看自己既有的关系，哪一个会管用，找法律反而成了不得已而为之的事情。值得注意的事，有理者和无理者，主动者和被动者，竟然都在设法“法外求法”，都在琢磨有什么办法可以绕开法律去办事，造成巨大的社会危害。

实践证明，关系是权力的发酵池。如果人们普遍把关系看得重于一切，大众的观念与行为习惯都将被扭曲，社会的风气将变得污浊，错误地左右着人们的努力方向，改变着人们的行为规范，甚至影响下一代的成长。想想看，倘若青少年所见所闻皆是父辈们绞尽脑汁地编织关系网，并且从“关系网”中屡得实惠，怎能不改变他们尚未定型的价值取向？当这种被扭曲的“公理”大行其道时，就不能寄希望单个人会反其道而行之。

中华民族重感情、亲情，强私交、关系，是一个宗族观念根深蒂固的民族。我们不能简单地否定这些民族特性，因为任何一种文化传统和生活习惯，往往是特定历史沿革、人文环境、生活资源、国家治理方式等要素共同作用的结果。特别是在一个人口众多、资源相对有限的国家，每个人要获得更多资源，需要依靠血缘的力量，导致家庭内、宗族内形成强烈的相互依赖性。

此外，功利主义和利己主义导致道德传承出现逆转，也是社会矛盾逐渐突出的深层原因之一。很多父母叮嘱子女上车时要抢座位，有利尽量沾，别做“傻瓜”。类似这样的道德观传承，造成的恶果是显而易见的。只要政策正确，经济建设可以很快使整个社会改变模样。但是，道德建设则要经历长期的努力过程，道德文明的形成更要靠几代人生生不息的努力方可铸就。

二是从社会结构、经济结构、资源状况和国家治理方式的原因看。

在相当长的历史时期内，中国都是一个人口众多且资源贫乏的国家，为占有资源而进行的争斗从未停止，由此形成了短视与急功近利的民族特征。历代王朝最为关心的是自己的万代基业，这种理念熏陶出来的民众，自然也就只关注自己的利益。至于民众的利益，则被远远地抛在一边。

19世纪，美国传教士明恩傅以在中国生活20多年的经历，写了一本《中国人的素质》。在他看来，中国人对属于“公众”的东西不感兴趣。比如，1851年，道光皇帝死了，外国人很关心哪个皇子来继承皇位；继位后政策会有什么变化，试图在小酒馆里同中国人讨论这个问题。但是中国人却觉得没必要费心思去作无聊的推测，因为那是大臣们的事。在长期的封建社会发展中，统治者总把政治局限于一个小圈子里，民众久而久之也就不可能再去关心。换言之，当执政者用“草民意识”来治理和看待民众时，就不可能使民众去关心自己以外的事情，反而有可能会走向反社会的道路。

我们应该多一些战略眼光，多关注民族素质和民族未来。在今天的知识经济时代，很多地方还有大量的学童因为贫困而无法接受“天赋受教育权”，还在不断地产生着文盲、半文盲。如果莘莘学子遇到经济困难时，得不到来自当地政府的援助，只能依靠兄弟姐妹们的自我牺牲甚至整个家族的倾力相助，那么，一旦他们有所成就后，倾力回报的当然是亲友，而不是承担社会责任和民族责任。再者，由于他们在成长过程中很少得到社会大众的关照，因而很难把自己的爱延续到社会中去。

与我们相反，早在19世纪到20世纪，免费入学就使欧洲国家的每个孩子都享有了受教育的权利。日本把从中国攫取的“庚子赔款”都用在教育上，包括建起了东京帝国大学。日本之所以在战后仅用了20年的时间就发展起来，更重要的还是重视教育，积累了大量的高素质的人力资源，从而崛起于一片废墟之上。显然，国家的经济腾飞，国家和民族凝聚力、向心力的增强，与重视教育和人才积累密不可分。“衣食足而知荣辱，读诗书而明礼仪”。一个民族文明程度的提升，不会是在教育极端落后的情况下完成的。

三是缺乏科学的思想体系，思想领域的紊乱导致出现道德问题非道德化、非道德问题道德化的倾向，评价机制产生扭曲。

我们总是在打破现存的东西，同时又没有在打破的同时构建起新的精神支撑点和思想观念体系。总是打破，而不去建设，那么人的信念大厦将会坍塌，精神将无所依附，社会也就很难进入稳定和有序状态。

长期以来，我们缺乏稳定的、集中的、凝练的和贴近广大群众的思想和道德教育内容。

社会的主流价值观是通过典型来体现的，但我们树立的典型往往是热情的服务员，不造“豆腐渣”工程的项目经理，拒贿的廉政干部，不卖假货的商店，等等，所谓的“事迹”本就是他们应当做的，属于职业要求所在，道德理念所在。当我们把那些职业道德和社会公德要求的内容盲目进行精神升华，从小处讲是一种媚俗行为，从大处讲就是道德问题非道德化，在一定程度上扭曲民众的心理，扭曲社会道德价值观的走向。

由于主流社会没有确立起科学稳定的道德价值观，造成社会道德失范，导致了道德价值观的真空。《北京青年报》曾刊出一篇题为《谁使英雄泪满襟》的报道，讲的是河南洛阳人王凤兴举报外国承包商在国家工程中偷工减料，结果却被很多人指责为神经病。许多人在看待违法受惩者的时候，表现出的不是愤恨，而是猜测这些人是不是得罪了哪个上层人物。这种扭曲的道德判断和价值认定，怎能保证我们的社会风气日渐好转?!

14. 领导干部改善作风的途径在哪里?

良好作风的形成，有赖于两方面的突破：一是制度的约束。如邓小平同志所说，制度更带有根本性；制度不好，好人也不能充分做好事。可以肯定，要搞好领导干部的作风建设，首先就要加强制度建设，通过制度约束和导向功能正向强化。二是领导干部的自身修养。这里主要讲后者。

首先，领导干部的良好作风由信仰信念及其所坚守的核心价值观而来。

作风奠基于精神追求，一个拥有高尚道德情操的人，必定不会走向庸俗。这决定了追求信仰信念的重要性。

什么是信仰？信仰是看不见的，它相对于物质世界而言是虚的，但进入了精神世界后，它又是真实可感的，富于魅力和吸引力，深刻而强烈地影响着每一个拥有信仰的人。

就一个社会或者民族来讲，如果所确立的理想信念都是已经实现的东西，是没有号召力的，只有远大而崇高的信仰，才会吸引更多人去追随。相反，如果一个政治集团或集团内的成员失去了信仰信念，其结果可想而知。河北贪官李真在忏悔录中说，信仰信念淡漠是自己走上犯罪道路的最根本原因。其实，这又何尝不是前苏联共产党失去执政权力的深层原因?!

在当前的社会环境下，我们谈信仰信念特别需要强调时代性和载体化，这往往涉及一个概念——核心价值观。核心价值观是整个价值体系中最基础、最核心的部分，是一个人、一个集团乃至国家和民族长期秉承的根本原则，恒久影响着个体或群体的思想观念与价值取向。核心价值观是无形的，并不具有强制力，但一经被行为主体所接受，就会产生左右行为主体价值判断、行为指向和行为准则的强大影响力。

中华民族的核心价值观，中国共产党的核心价值观，中国人民解放军的核心价值观，都是核心价值体系的基本构成。其中，民族核心价值观是基础，党的核心价值观是骨干，军队的核心价值观是重要支持。民族核心价值观的基础作用体现为，数千年积淀下来的伟大的文明因子，恰是社会主义核心价值体系的基础支撑所在；党的核心价值观的骨干作用体现为，党原本就是核心价值体系的构造者和建设者，亦是因信仰信念等核心价值构成的基本要素所促成；军队的核心价值观的支持作用体现为，天生就承载着的牺牲精神，恰是社会主义核心价值体系不可缺少的精神营养。或许，我们可以初步概括为：民族核心价值观为“民主、平等、公正、互助”；党的核心价值观为“民主、法制、勤政、为民”；军队的核心价值观为“使命、忠诚、纪律、牺牲”。拥有了成熟而又稳定的核心价值观，领导干部的作风建设便拥有了坚实的基础。

其次，领导干部的良好作风由民主法制意识、平民心态和宽广胸怀而来。

和谐社会最基本最重要的特征是民主法制和公平正义，这无疑涉及领导干部如何确立正确的政治理念，如何摆正自己的位置，如何进一步强化人民公仆意识的问题。

中国封建历史很长，民族文化中拥有强烈的“官本位”意识。

中国共产党获得政权后，一直大力倡导提高公仆意识。但毋庸讳言，少数领导干部骨子里依然有着强烈的封建思想。比如，安徽的王怀忠就讲过按阜阳1300万人口算，自己是世界第58位总统，并号称在阜阳是王家的天下。拥有这种“土皇帝”的心态的人，怎么能够容得下不同意见，怎么能够拥有容忍批评的雅量？

随着世界经济全球化和贸易自由化，社会公众看到了整个世界政治文明的走向，拥有了辩证思维能力，开始更多地从亲民、务实等视角上分析判断执政能力和执政水平。这种情况下，领导干部依然颐指气使，唯我独尊，便不可能得到公众的接受和认同，人格魅力便不会存在，成为干部作风建设的致命伤。

深刻领悟时代的发展脉搏和人类政治文明的走向，深刻把握中国共产党执政方式的变革，对于改善领导干部的作风很重要。有人说，要想知道一个人的品质，就赋予他权力，因为权力的运用最直观地表明一个人的道德价值观。1783年12月23日，在美国安纳波利斯即大陆会议所在地，地位、权力与荣誉皆如日中天的华盛顿，依照自己对权力、责任和义务的深刻理解，向议员们鞠躬，议员们则只需手触帽檐还礼。在中国政治生活中，最高决策者同样拥有现代政治家的风范和理念。胡锦涛外出视察工作时让工作人员把“首长”的标签改为自己的名字，将处理事故的新闻稿中领导“亲自”前往改为“赶赴”现场，都使人为之眼前一亮。温家宝到云南鲁甸地震灾区慰问群众，亲切地请求特困户马才英人：“我到你帐篷里看看，好不好？”这句简单的问话，反映了宪政下的平等意识和平民心态，折射出“小人物也需要尊重”的价值观念。这相对于一些掌握一点人民赋予的权力便对人民群众颐指气使的人来说，确有天壤之别。

最后，领导干部的良好作风由自律和克己而来。

现行制度体系中，还存在着政府权力过大和监督机制不到位的问题。完善体制制度，领导干部的自律和克己的不可或缺。

明末清初有一篇笔记小说《解人颐》，其中一首诗生动地反映了人的欲望的无限性：终日奔波只为饥，方才一饱便思衣；衣食两般皆俱足，又愁娇容美貌妻；娶得娇妻生下子，恨无田地少根基；买到田园多广阔，出入无船少马骑；槽头拴下骡和马，又悉无权被人欺；县丞主簿还嫌小，又要朝中挂紫衣；若要世人心里足，除是南柯一梦西。当今社会，诱惑众多，正所谓流俗易，洁身难。从人性的角度讲，每个人都存在着欲望。

面对无限的欲望，面对法规制度约束尚不到位的现实情况，领导干部必须在自己的内心世界确立一个底线，树立一个追求的精神高点，常修为政之德、常思贪欲之害、常怀律己之心。只有这样，才敢言走上提升作风的正途。

15. 我们会不会成为黑砖厂的受害者?

2011 年初，32 名外地农民工来到山西洪洞县广胜寺镇曹生村一个黑砖场打工。这家砖厂是由该村村支书的儿子开设，农民工们每天面对的是打手冰冷的铁棍和狼犬的血盆大口。他们早上 5 点上工，一直干到凌晨 1 点，睡觉的地方是一个没有床，只有铺着草席的砖地、冬天也不生火的黑屋子，打手像圈牲口一样把他们关进黑屋后反锁，30 多人只能背靠背地“打地铺”，门外则有 5 个打手和 6 条狼狗巡逻。一日三餐是吃馒头、喝凉水，没有蔬菜，而且每顿饭必须在 15 分钟内吃完。只要动作稍慢，就会遭到打手无情殴打，个个遍体鳞伤。由于一年半没有洗澡、理发、刷牙，个个长发披肩、胡子拉碴、臭不可闻，身上的泥垢能用刀子刮下来。湖北打手赵延兵嫌甘肃民工刘宝动作慢，竟用铁锹猛击刘宝的头部，将其打死，后偷偷埋到山里。

这起一度震动整个中国的黑砖窑事件，让人不禁想到“奴隶”、“包身工”等词汇。这些匪夷所思、不忍卒读的事实描述，竟然发生在今天的法制社会里，令人深思不已。

尽管涉案人员已经被依法严肃处理，我们依然需要进行一次灵魂的自我救赎，让自己不再麻木，也让这个社会更富人性化。那些被解救的农民工们，或许一生都无法抹去身心的伤痛，人格的尊严就此被剥夺得一干二净。当这些“小人物”的尊严一再被践踏，被剥夺后，接下来的该是什么？要么是麻木，要么是迸发。麻木的结果必将是一个民族的沉寂，而非崛起。道理不难理解，一个人没有了尊严，一群人没有了尊严，一个民族没有或不在意尊严之时，这个民族还能够赢得世界人民的尊重吗？假如迸发，必是社会和谐、社会稳定的彻底丧失。

黑砖窑事件中，遭受非人折磨的 32 个农民为什么不反抗？我们有没有提供一个足以支撑反抗的精神基础和法制条件？假如反抗的结局注定像那个甘肃被打死的刘宝一样，埋到山里了事，我们还有什么权利侈谈自己拯救自己？有的领导和学者这样指责弱势者：矿难那么多，为什么要钱不要命？有人欺压你，为什么不抗争？然而，当没有钱便没有命时，没有钱孩子就要失学时，他们根本就无力反抗，因为这时正义的力量已经被异化和扭曲了。当社会大众把改变不公平的希望完全寄托于自己之时，以暴易暴将大行其道，社会的安宁将不复存在，这是一个基本的历史逻辑。

黑砖窑事件中，当地领导为什么专门提出“正确对待舆论监督”，是记者选择了揭疮疤、捅脓包而导致领导的委屈和不快？还是应当让那些悲惨的民工继续被奴役，以保证“大好形势”不被“破坏”？一句“正确对待舆论监督”的话语，隐含着多少长期以来无法解开的扣子，折射着政绩重于民生的官员心态和价值观念。

面对悲剧，每一个“局外人”都应该勇敢地做点什么，才能避免将来自己成为黑砖窑的下一个受害者。美国波士顿犹太人屠杀纪念碑上，刻着德国神父马丁的忏悔。马丁说：起初，他们追杀共产主义者，我不是共产主义者，我不说话；接着他们追杀犹太人，我不是犹太人，我不说话；后来，他们追杀工会成员，我不是工会成员，我还是不说话；再后来，他们追杀天主教徒，我不是天主教徒，我仍然不说话，最后他们奔我而来，这便是我们不愿看到的悲哀。

16. 社会问题的产生与政府作为是什么关系？

一个社会没有问题不可能，关键是问题发生后如何去努力解决。如果一种问题长期存在，就说明体制方面存在漏洞。当前许多社会问题解决不力，与行政不作为有关，与官员的惰性有关。

问题一经媒体曝光，政府部门大都紧急行动，老大难问题迎刃而解。这说明，许多问题不是不可以解决，而是可做的也不去做，从而导致不作为思想和行为的严重存在。

当一种现象或问题长期存在而得不到解决后，就不能视其为偶然现象，其背后反映的必然是管理存在的弊病。比如我国股市饱受诟病，公众抨击最多的一点是上市公司的诚信出现了问题，做假账成为公开的秘密，让投资者屡屡踩上地雷。某些虚假财务行为被揭露出来后，股价不降反升。这种情况如果出现在监管健全的美国股市，上市公司几乎就会被置于死地，哪怕是行业巨头也无法逃脱惩罚。所以说，我们现实的问题是如何强化管理，最大限度打击造假，而非为了地区利益和短期利益而容忍乃至纵容。

17. 为什么我们在公共管理方面没有走到世界前列?

为什么我们在公共管理方面没有走到世界的前列？最重要的原因之一是没有解决好责权利的问题。

西谚有云：“权力应当成为一种负担。当权力成为负担时就会稳如泰山，而当权力变成一种乐趣时，那么一切也就完了。”从现实社会表现来看，有官则有权有利，但当官者的责任往往是弹性的。媒体曾经报道过一个厅局级干部在被判刑时忏悔说，到了自己这一级别的干部，几乎没有了受监督、受约束的问题，在自己的范围内，对的是对的，错的也是对的，你有批评别人一切的权力，而别人只有服从的义务，当你鱼肉乡里时，会说你与群众打成一片；当你蓬头垢面时，会说你艰苦朴素；当你声色犬马时，别人说你富有情趣；当你有了失误后，要么由下级替罪，要么有同僚挡着。

由此而言，我们要把当权者的欲望约束住，必须解决好权利与责任的关系问题。领导干部有决策的权力，但还应当承担失察受追究的责任。只有把这些问题都解决好了，中国的管理才会有大的改善。

18. 制约中国发展的主要因素是什么？

管理成本过高、生产效率过低，严重制约着中国以更快的速度发展。曾有数据显示，“中国发展成本高于世界均值”，即“用1美元在世界平均状况下可办到的事，在中国就需花费1.25美元”。

出现成本过高的原因，当然是多方面的。但是行政体制存在的弊端，当是其中的重要因素。

一是形式主义提高了发展成本。重庆市某单位召开了一个仅半天的会议，却要求全市41个区（市）县的相关部门领导都到会，距离远的行程500多公里，花两三天的时间，再缴几百元钱的过路费，其目的只不过是为了“全面动员，积极响应，大造声势。”

二是部门利益提高了发展成本。某市规定，每年驾照年审时，每个驾驶员都必须到指定的公安医院去体检，仅用两分多钟的简单检查却需交100元，50多万驾驶员每年共交5000多万元。为什么产生如此不合理的收费？在于利益问题，也在于有关部门人头费的需要，因为行政事业费不够用，自然就需要通过权力来获取。

三是人浮于事造成了发展成本升高。假如人多可干更多的事自然好，问题是人多不干事，甚至是干坏事。古人言："人多乱，龙多旱，母鸡多了不下蛋。"官员过多，自然形成了"一个干，两个看，三个跟着捣乱"的怪现象。这个问题不解决，中国的进一步发展就不会在快车道上一直走下去。

19. 公正、公平的社会意义是什么?

社会公正不是上天赐予的，而是我们每一个人通过具体的行为促成并逐步强化起来的。公正对人和公正对己，既是一种道德品质，同时也是一种完善自己、享受人生的重要途径。

坦率而言，我们社会一直缺乏公正和公平之心，或有其心乏其行。即当面临利益得失时，往往去其公正、公平之心，而求利益自保。所谓中国人的圆滑、冷漠等，可以认为都是源于此。

但是，这一状况正在不断得到改善。比如中央党校对厅局级干部进行问卷调查的结果显示，中国的最大问题是腐败，改善之法是保证权力得到约束，这是很令人为之鼓舞的。这些厅局级干部认同对权力进行约束，包括对自己手中权力的约束，就说明他们心中还存在着公正和公平，存在着基本的道德判断，这就是希望所在。

社会大众对真善美与假恶丑有着相似的判断，并在行为、情感或潜意识中都有着同样的追求。这种向往与情感，特别是具体的行为，对人的心理是一种颐养。一个人不管在什么情况下都能做到公正对人，才能保证公正地判断和对待自己。一个人总能做到公正对人，并且这种公正是来自心灵深处的感悟，就会为自己的思想境界所感动。

一个人只有拥有了公正、公平之心，才会做到客观。决策部门、理论研究部门出现判断失察，一定是他们一厢情愿地以自己的愿望作出了不符合科学的判断。社会追求公正和公平，是一场永无止境的运动。我们不能寄希望现实社会存在着绝对的公正公平，也不能寄希望未来有绝对的公正公平。但是，落实到自身修养上，我们却不能不去追求这一人类的终极目标。正是有了这种追求，才显现出人的精神境界提升的必要。

20. 公平和正义在一个等级观念较强的社会里能够生根发芽吗?

社会道德的被毒化，往往是源于利益获得的不平等。因此 ，每一个追求社会美好的人，都会有改变社会不平等的道德追求和道德冲动。

尽管有时表现得不那么明显，追求公正公平的理念依然存在于绝大部分人的心中，特别是普通人的心中。北京与外地高考分数悬殊，有的北京市民哪怕自己的孩子高考受到影响，也希望社会中有更多的公正和公平。网上有过这样一份帖子："作为一个北京小学生的母亲，我想，我儿子将来是否可以进北大清华不是最重要的，最关键的是我希望将来他能够生活在一个进步平等的环境里……在一个不平等的环境里，做个一类大学的学生也没有什么可骄傲的。尽管在教育这一方面他占到了一点小便宜，但他有可能受到其他的不公正待遇……公平的社会是所有中国人的未来，那里也将有我儿子的未来。"

中国人强调公平，但是民族文化中又确实存在着剥夺公平的因素，包括等级制度的存在。因此，历史上中国一直缺乏真正的公平，甚至到今天我们都没有把这个问题完全解决好。比如，许多举报案件的材料往往最终是落到被举报者手中，这相当于让案件的当事人来审判自己。美国大法官弗兰克福特说过："如果可以允许某个人为他自己确定法律，那么也可以允许每个人这样做。那首先意味着混乱，然后是暴虐。"诺贝尔奖得主阿玛依·森也说过一句很有启示意义的话："对于改善贫穷人民情况的第一件事，是为他们争取平权。"由此可以，我们要加快破除落后的等级观念，让公平和正义的阳光照在每一位社会公民的身上。

21. 为什么官员可以堂而皇之地逃避责任?

在公共事务领域，很多官员堂而皇之地逃避责任，既与民族文化传统和习惯性行为导致工作不扎实、不务实有关，也与行政方式中存在的问题有关。

比如，我们的行政方式或领导方式总是习惯于“原则上”，让务实和扎实的作风无从谈起。行政官员尚且是这样，受其影响，民众也就很难务实扎实起来。浮躁风气盛行，就不能寄希望整个社会更扎实务实的风气得以形成。

中国社会长期以来排斥所谓的个人主义，强调集体主义，故而习惯于提“人人要如何”。比如:“爱国卫生，人人有责”，“防火防盗，人人有责”，“计划生育，人人有责”，等等。毫无疑问，这个出发点和目的都是好的，但由于脱离了实际，结果往往与初衷背离。把一些需要具体责任人来完成的工作，以“人人有责”的方式进行，结果很可能人人都不去负责，人人有责的结果也就成了人人逃避责任。所以，强调大众去努力做某一件事情，前提一定是要建立于各负其责的基础之上。只有出了问题有具体人挨板子，才不至造成责任泛化，才能最终真正实现人人有责。

22. 为什么说基层官员整体素质不高?

人们对基层官员整体素质的评价不高，不仅是批评这些官员素养不够，更是指他们缺乏战略思维。

改革开放以来，人民群众创造出许多新生事物，但是，一些领导干部不是呼应促进，反而是推三阻四，设置障碍。比如农民进城打工问题，官员中的反对声音始终存在，包括指责农民到城里务工会造成社会不安定、增加社会负担，等等。这些官员没有从发展的眼光来看问题，忽略了仅靠人均如此低的土地占有量不可能让农民真正富起来，更谈不上进入现代化。他们不明白，千万的农民到发达地区打工，可以更新观念，导致行为发生变化，成为推动社会前进的强大动力。

正因为站得不高，战略思维不够，总是以小农意识判断问题，很多官员的思想和行为总是远远落后于时代，不适应社会生产力的发展。只有随着中国改革的深入，让政府官员能更多地站到新的平台上思考问题，他们的整体素质才会得到更大提高。

23. 盲目决策造成的高经济代价原因何在?

由于机制不健全，行政官员权力过大，资源过于集中，进而强化了人们的官本位意识，导致权力缺乏监督，导致人浮于事，这已经成为共识。由此导致的诸多弊端，随便翻阅任何一个时期的报纸，都能找到佐证。

关于权力大、资源集中和强化大众官本位方面的问题。据报载，安徽省利辛一位干部，通过模仿县领导的笔迹而签批了54人次，其中40人被安排了工作。许多人在关心造假者被惩治的同时，更应反思的是领导干部的权力，领导干部掌握的社会资源。我们知道，在西方发达国家，机关的编制人数是法定的，人数可以精确到个位数。我们公务员的队伍越来越庞大，这在全世界都是罕见的。假如有严格的编制制度，假如决定此类事情不是由个人作出，还会存在类似的问题吗？造成这种现象出现的更深层原因，还是政府的政策导向的问题。

关于权力缺乏监督及其不作为的问题。据媒体报道，武汉市为了整治河道，将价值1.6亿元的“外滩花园”炸掉，整个爆破仅用了3秒钟，也就是说，1.6亿元财产顷刻灰飞烟灭。还有，记者到湖北监利、汉川和浠水3个县市的8个乡镇采访，从中深感农民负担之沉重，收入之微薄，农民一年辛辛苦苦下来，一亩地所获不足100元。而这次爆破加上各种费用达2亿元，相当于200万亩粮田之所获。是谁造成了如此违规建筑？他们会支付这种违规成本吗？机制不健全，特别是责任追究制度不到位，类似的高昂成本会继续出现，类似的问题也不会得到很好的解决。

当社会公众在利益影响下都集中到某一个领域后，必然导致失衡现象的产生。比如，当精英层特别是科技领域的人们都在利益的影响下，主动或被动地加入到求官的行列，那么还会有精力追求科技上的创新吗？所以说，我们社会中存在的强烈的“官本位”意识，一定会对民族创新和创造力的发展起阻碍作用。

某媒体还报道过一件令人啼笑皆非的事：云南大足县一个乡镇的书记、镇长接受采访，回答问题时，多是“大概”、“左右”之类。在回答该镇 GDP 数值的提问时，书记说 1 亿，镇长说 5 亿；讲农民人均纯收入，开始说 2000 元，后说 2300 元，再后来说可能是 2700 元；在回答全镇人口时，书记说有 3 万，具体是多少，没有人清楚；在回答上一年全镇的粮食产量时，书记答不上来，镇长说 1.8 万公斤，当记者说，这相当于“一个人一年只产 0.6 公斤粮食”，于是两人嘀咕了一阵说，可能是 18 万公斤。这样的回答使记者犯晕，两位镇领导反复解释说，由于“年龄大了，记性不好”。他们的年龄究竟有多大呢？一个 38 岁，另一个 35 岁。这些问题表面上看，是行政官员严重不作为，从根本上说，是机制带来的问题。

一个社会没有问题是不可能的，关键是问题发生后如何努力解决。如果一种问题长期存在，就说明体制方面存在漏洞。当前许多社会问题长期存在而得不到解决或解决不力，其实多是“管理体制”存在的弊端。关于这一点，我们只要看一下媒体曝光某一现象和某一问题时政府的作为，就能清楚看出这一点。每到这时，很多政府部门个个动作迅速，解决的决心、力度都很大，多年的老大难问题迎刃而解。由此说明，问题不是不可以解决，而是解决问题过程缺乏监督，可做的也不去做，从而导致严重的不作为思想和不作为行为。所以说，我们现实的问题是如何强化管理，健全机制，从制度上铲除权力腐败的条件和土壤。

24. 机制对于社会文明进步的影响是什么?

关于机制对社会的影响，可以从历史上找到佐证。清末民初，北京良乡县吴店村的村长更换过程就很能说明一些问题。

清末时吴店村的公共事务管理者，是一些家境富裕、受过一些教育的人，一些小额捐税他们自己承担下来，不向村民征收，因为他们更在乎的是自己的声望地位。1919 年开始，军阀混战，无节制地向村民勒索，原来那些管理者既不愿意向村民征收重赋，自己又赔不起，于是自动离开公职。由此开始，继任者的道德开始逆转，先后两任村长都因贪污和侵吞公款而入狱。然而，他们出狱后仍然当村长，因为好人不愿干，只能由他们接着干。这就是说，机制不好，必然是好人被淘汰。如果这样发展下去，政府就会变质，开始由服务性转变为剥削性。

把历史前推至明朝万历年间，某些现象或事例同样说明这一问题。当时矿税繁兴，重税导致万民失业，清代人谷应泰在《明史记事本末》一书中，就记述了当时矿税发展始末，并且就利益集团的生成和发展作了深入的剖析：开始是因为征矿税而派设宦官，后来这些宦官的命运就与矿税连在一起了。开始是因为宦官谄媚迎合而让他们征矿税，后来这些宦官肥了，便结交后宫，根子越扎越深。这就是明万历年间矿税不容易废除的根本原因之一。

由此我们不难看出，当具有独立生命力量的利益集团产生后，它会按照自己的规律运行，直到把整个王朝彻底摧垮。

由于传统及治国理念的区别，我们国家与西方在制定法律时多有不同。在孔子“仁者爱人”、孟子“性善论”的思想影响下，我们认定人的本质是好的，即《三字经》所言：“人之初，性本善……”因此，制定法律时总把人往好处想。美国等西方国家与我们不同，他们总认为人没有法律的约束有可能会犯罪，甚至必定会犯罪。这种理念进入了生活的方方面面，更进入了法律程序。比如我们进入超市时，必然会面对一台收银机，这就是美国俄亥俄州一个杂货店老板的儿子詹姆斯发明的，最初被人称做“廉洁的出纳员”。詹姆斯发明这个机器的初衷，一是如何防止店员在金钱诱惑面前从钱箱里拿钱，二是购物者总担心店员多收了钱。鉴于此，詹姆斯依据螺旋桨的工作原理发明了收银机，迅速风行世界。

除此之外，我国立法与西方立法虽然都追求公正，但因为文化传统及理念的区别，也存在着很大的差异。西方讲的公平是天平式的公平，天平的公平是靠人的作用来调节的，即当出现倾斜时，需要人通过加减砝码的方式重新实现公平。这个调整的过程需要程序来保证，故而他们十分强调程序立法。我们立法也十分强调公平，但这个公平是水平之平，水平是自然形态，故而我们十分强调实体立法。

关于程序立法与实体立法的特点与作用，我们可以举个有代表性的例子。有一个母亲为两个孩子分蛋糕，两个孩子都想多吃一点。

按照传统的做法，母亲采取的是道德教育，强调礼让，《三字经》中就讲“融四岁，能让梨”。当然，如果孩子真的具有了很高的道德水准，这是再好不过的事，毕竟人类不是为了制定制度而制定制度。某种意义上说，人类的终极目标是取消制度。然而，如果道德水平与思想境界尚未达到这个程度时该怎么办？解决问题的办法就是通过机制来完成。于是母亲让大的负责切蛋糕，让小的第一个挑蛋糕，如果大的想多吃一点，就必须切得最公平，只要一多一少，多的必会被小的挑走。这就是由机制和程序来达成公正之目的的简单表现形式。

社会机制、运行程序不仅对人的行为十分重要，对社会的正常运行也同样重要。中国历史上有两个所谓的“周期率”，一个是“做官周期率”，这就是春秋战国时期魏国人公子牟阐明的：“官不与势期而势自至。势不与富期而富自至，富不与贵期而贵自至，贵不与骄期而骄自至，骄不与罪期而罪自至，罪不与死期而死自至。”这个周期简化一下就是：做官→权势→财富→富贵→骄横→犯法→处死。如果我们要改变这一“做官周期率”，或者说消除权力的腐败，其药方是什么？简单地讲是对权力进行约束和监督，并且这个监督和约束应当是建立在具体而又明确的制度和程序基础之上。另外一个“周期率”是“王朝兴亡周期率”，也就是当年黄炎培在延安向毛泽东提出的：中国共产党如何才能避免走国民党失败的道路？如何跳出“王朝兴亡周期率”的怪圈？毛泽东给出的药方是：民主是治本之策，让人民来监督政党和政府，政党和政府就不敢懈怠，由此保证政治清明。这也是需要依靠程序和机制来保证的。

25. 如何保证我们的机制不被扭曲?

机制是人确立起来的，制度是由人来执行的，要保证不被扭曲，一方面需要动态地完善机制，另一方面是最大限度地提高人们的道德素质和文明程度，使之在面对诱惑时能够有一个道德底线作保证，面对不良现象时能够尽到一个公民的责任。

我国社会的当务之急是健全法制，要严格按照依法治国的理念发展。与此同时，我们还应认识到，制度是由人来执行的，有了良好的制度或者说社会运行机制，还必须有人的自觉和自律，没有这一点，再好的制度与机制都会被扭曲。实际上，一个人只有在没有监督的情况下，仍然自觉地、下意识地按照社会规则行为处事，特别是这种规则内的事情，在现实表现上又是利他而不是利己的，这个人的思想境界与行为规范才真正走向了成熟。

一位科学家曾经切身体会到美国人纳税意识、版权意识很强的特点。有一次，一个美国教授让他买来三台微机、两套软件，并对他讲：两套软件可以在三台微机的任何两台上用，但不能同时在三台微机上用，否则就侵害了版权者的利益。在我们看来，你在家中用机器，别人也不知道，干吗那么“傻”呢？美国人的“傻”劲，只要留意媒体刊载的消息，随时都能捕捉得到。比如有一对留学美国的中国夫妻，有一天晚上妻子因腹痛去医院看病，丈夫在安顿好孩子后，也赶去看妻子。看完病刚回到家中，社会服务部门的官员和警察就找上门来，要把孩子带走，原因是这对夫妻对孩子，有失父母监护之责任，不仅要上法庭吃官司，甚至有可能因此失去对孩子的监护权。且不说我们对其持有的文化观念和价值观念不理解，就是对美国社会服务部门获取信息的渠道也未必理解。原来，妻子在看病时向医生讲了一句：请快点，我孩子一个人在家中睡觉，不安全。于是，两人刚刚离开医院，医生的举报电话就打到了社会服务保障部门。

媒体上还曾刊出过一篇题为《“傻帽”英国人》的文章，其中讲到几个事例的确给人以英国人“傻”的感觉，但也可以使我们自省。这些事包括：在英国的火车站，站台开放，且火车上无人验票；到公园湖区划船，既不需交押金，亦不需扣证件，归来时也无人验看；一个中国留学生给家中寄手表，家中收到的仅是一空盒，他到邮局讲明此事，工作人员未让其出示任何证件，即予以理赔；在大学实验室，领取白金、黄金等贵重金属做实验时，既无人管理，更无人监视，唯一的要求是不能私用。所有这些让人匪夷所思的问题要解决好，一方面靠制度，再就是靠大众的文明自觉和道德自律。

26. 如何理解监督和约束机制的重要性?

我们强调监督和约束机制的重要，可以举一些古今中外的事例作为印证。美国的“水门事件”中，尼克松曾借助手中的权力，要求司法部长撤掉对其构成威胁的检察官的职务。司法部长说：我不能执行你的命令，我辞职。继任者上任后，面对同样的指令虽然选择执行命令，但同时辞职。之所以执行命令，是职责要求所在；之所以辞职，是由于执行命令的结果与自己的道德理念发生冲突。如果从更深层次上分析，两位司法部长在领导打招呼、下命令的情况下，不是“不折不扣”、“圆满”地完成任务，而是以辞职维护自己的道德理念，原因很简单：只要进入了司法程序，任何人都无权停止，直到水落石出。权力之间如果存在着制约和监督，自然也就不存在我行我素的问题。再加上媒体一直在旁边虎视眈眈，容不得你搞暗箱操作，因而每个人都不仅在对待现实问题上很慎重、很负责，甚至自成人后进入社会开始，都不敢在原则问题上有任何马虎，因为所有污点都会被记录在案，一生都抹不掉。具体到一个公众人物、一个官员身上，可以说一旦形成了良好的道德形象，即使当下不得志，毕竟还有机会东山再起；一旦没有了道德形象，失去了社会认同，很可能永远失去在社会其他领域的发展机会。

为什么西方国家的人们信用意识很强，比如犹太商人的经商理念是“宁失金钱，不失信用”？为什么美国总统选举，媒体往往会把几十年前的某一错误揭出来？比如克林顿逃避兵役、小布什青年时酗酒，等等，原因即在于此。也正是这种健全的制度，保证了每一个人都必须重视自己的品德修养。

改革开放以来，虽然我国立法速度几乎成为世界首屈一指的国家，但由于程序立法不够，许多很好的实体法也被扭曲了。在法律界就有这样一种情况，即每个案子出现后，尚未进入实体审判前，当事人总是努力争取在自己的居住地判案。从道理上讲，在同一法律规范之下，不管在什么地方审判，结果都应是一致的，之所以争“主客场”，原因在于在不同利益区，结果大相径庭。而区别产生的根源之一，在于我们的实体法没有程序作保证，很容易被人为地扭曲。此外，社会上许多人持有只要抓不住就算赚了，抓住了则属运气不佳的心态或理念，也是程序不到位的深层反映。这种投机心理和相应的社会机制，对人们的身心修养极为不利。

27. 解决社会信誉危机的出路在哪里？

普遍的信用观念来自持久努力的养成，而这种努力还应当区分为两个方面，一是自觉；二是制度约束。

关于这一问题，有些人曾经作出深入的分析。比如经济学家吴敬琏就曾指出，目前我国采取的规范信用信誉市场的方法，一是靠政府严打；二是靠道德教化。在信誉缺失普遍存在的今天，这两种办法都有着很大的局限性。行政查处客观上带来了行政权力过大，为权力寻租提供了新的可能，因而成为腐败的温床；而道德教化由于整个社会存在问题，往往形成两面派的作用，即说得好听，实际不顶用。解决社会信誉危机的出路，必须从对信用影响最大的政府部门开始，只不过在这个过程中不是要求赋予政府部门更大的权力，而是政府部门规范自己的行为，自己先做好了，社会问题解决起来将容易得多。

04

第四章

正视我们的民族特质

保证我们民族血脉不断的主要动力，来自于对文化的认知。

一个民族成熟的标志是宠辱不惊，是理性地判断自己，尤其是在鲜花掌声中理性地看待和评价自己。没有文化上的独立性，一味地模仿别人，永远都谈不上民族的独立和民族的成熟。

1. 一个民族成熟的标志是什么?

一个民族成熟的标志是宠辱不惊，是理性地判断自己，尤其是在鲜花掌声中理性地看待和评价自己。

有一种现象人们或许没有太在意，即受限于知识面或受环境氛围的影响，我们对事物的价值判断经常受到误导，某些情况下作出的判断并不是出于自己的思考，而是由于已经有人“帮助”自己作出了分析判断，我们所履行的不过是接受和赞同。

媒体曾一度渲染日本经济将长期低迷，中国经济蒸蒸日上，加上日本人在一段时间里大谈“中国威胁论”，以惧怕的神情来谈中国经济将超越日本，于是很多人在潜意识中认同中国比日本强大，或者认为在未来很短的时间里中国就会比日本强大。可实际情况是什么呢？到2001年的时候，中国的年人均收入不足1000美元，日本差不多是中国的40倍。中国外贸出口人均200美元左右，仅相当于日本的6%。日本的国民教育水平更是远高于中国。2002年2月，新加坡副总理李显龙在接受美国《国际先驱论坛报》采访时就说过：“中国经济实力正在赶上日本，但是，中国在创新、效率和技术等方面要很长一段时间才能超过日本。”所以说，我们不能随着某种气氛而变得陶陶然乐在其中，却忘记了探究事实本身。这种情况下，我们只有保持平静与理性，才敢言民族的成熟和深刻。

能否以科学的态度面对外部文化的进入，也是一个民族成熟与否的重要标志。美国《纽约时报》曾以“这还是中国吗?”为题，分析介绍中国人对待和接受美国文化的情况。报道说：“欧洲人也许习惯于把麦当劳的每一个‘巨无霸’汉堡包都看成是可怕的美国文化帝国主义的标志，然而中国人大多欢迎这种入侵——事实上他们已经使它成了自己的一部分。”由此，我们既可以说中国人的胸怀越来越宽广，文化具有包容性，不再像清代那样闭关锁国惧怕外来文化，但同时又要意识到，没有文化上的独立性，一味地模仿别人，永远都谈不上民族的独立和民族的成熟。

这些现象清楚地说明，我们的民族心理真正走向成熟，还有很长的路要走。

2. 缺乏远见害了谁?

远见可以保证一个人，乃至一个民族走得更远，是获得更高思想和精神成果的基础所在。

正是由于我们没有很好地培养大众理性、开阔的心胸，社会上的急功近利和短期行为表现得相当突出。比如在商贸领域失去俄罗斯人的信任，以至于有的商场打出“本店无中国货”的牌子。有媒体报道，曾刚开拓出来的南非市场上，中国商家就竞相压低商品价格，形成自我倾轧的恶性竞争。再比如，当年海信电器刚刚打出品牌，就有国内商家与之争夺，还有一些过激的舆论说，哪里有中国人，哪里就有假货，等等。缺乏远见最终危害的是自己，甚至影响社会发展进程。

这种缺乏远见、急功近利的行为，不仅表现在大众身上，更表现在个别领导干部身上，而他们的思想和行为往往更能影响大众。比如许多领导干部更重视的是盖了几栋高楼，修了几条马路。这些有形的物质的东西当然重要，毕竟改善群众的物质生活离不开这些基本建设。但我们还应当深刻地认识到，我们不仅需要有与西方发达国家媲美的高楼，还需要有与其相一致的精神与文明程度。前者相对而言易于实现，而后者才是需要长期努力的。很多人大谈现代化，恰恰忘却了现代化的一个重要内涵，即现代化绝不仅仅表现在硬件上。曾有人向一位西方现代学家请教：中国何时进入现代化？这位学者说：等到长安街上的铁栅栏拆除之时，就是中国的现代化实现之日。之所以这样说，原因在于尽管各种标识都很清晰，依然需要通过铁栅栏限制人的行为，可见公众的道德素质和行为规范与文明的差距有多大。有天深夜，在沈阳市一大街的十字路口，两个骑自行车的外国人在空无一人的道路上等待红灯变绿。这种国人看来近乎刻板的自律和习惯，不能不引发我们反思。

远见对领导者十分重要。清华大学的前身是留美预备学校，它是当年美国人从清政府"庚子赔款"中拿出小小一部分建起来的。这并非是美国良心、善心的发现，而是建立于这样一种思维之上，即"以最圆满与最巧妙的方式控制中国的发展——通过支配它的领袖的知识与精神"。

再看美国现今的政府，在成为世界唯一霸主后，他们变得忘乎所以，更失去了大气和宽容。以“9·11”事件为例，每一个负责任的民族、国家和个体的人，对这种以民用设施和平民为攻击对象的行为，都应持抨击的态度。但是，这一事件从更深层次上提醒美国政府，在世界联系越来越紧密的情况下，以什么样的方式解决民族与民族和国与国之间的交往，需要认真思考，切不可以自己一元的价值观“统一”世界。相比而言，中国共产党提出的世界多极化更符合实际，更具有包容性。

3. 血缘亲情关系在利益方面是如何表现的？

由于人性的原因，也由于中华民族的历史和文化传统的原因，血缘亲情的确能够拉近人与人之间的距离，能够化解许多矛盾，同时获取更多的利益。中国人十分重视血缘亲情，是由国情和生活习惯决定的。从国情或资源方面看，中国历来资源相对有限，这就需要通过竞争获得利益，使得在人的力量相对于自然的力量还很渺小的情况下，联合起来去争得物质财富成为一种必然要求，血缘关系由此成为首选。从生活习惯来看，中国人历来安土重迁，强调“父母在，不远游”，“金窝银窝不如自己的穷窝”，世世代代生活在一个不大的圈子里，必然形成宗族群。当面对外部的竞争，出现利益争夺的局面时，宗族的作用就会显现出来。同时，封建力量对最基层的乡村统治历来比较薄弱，比如明代总共不过3万左右的官吏，不可能将管理延伸到中国的每个村落，大多数情况下只能靠乡绅、族长来管理。这必然决定了宗族势力得到发展，进而强化了血缘亲情关系。

对利益获得的强化作用，只是血缘关系的一方面，当利益达到了一定限度，血缘关系就会失去作用。历朝历代的王权之争，一般是在兄弟、父子之间，这时的血缘关系并不能改变争斗的状态。历史上著名的曹操之子曹丕、曹植兄弟的夺嫡之争最能说明问题。曹丕担心曹植与其争夺太子之位，于是便以“兄弟”为题，命曹植在七步之内完成一首诗，否则杀头，曹植果然在七步内完成了：煮豆燃豆萁，豆在釜中泣，本是同根生，相煎何太急。再如，唐代的李世民在宣武门将哥哥建成、弟弟元吉杀死。时间更近且与之相类似的是，清代的雍正皇帝即位后，首先做的是镇压与自己争帝位的兄弟。因此，在涉及根本利益之时，血缘关系并不能保证产生更大的积极作用。

关于血缘与利益关系方面，道德观也起着相当大的作用。在一个道德观念很强，特别是儒家文化痕迹很深的社会环境里，血缘对人与人的关系影响更大。相反，在道德观紊乱、道德意识淡漠的社会或个人那里，血缘的作用就会削弱。概言之，属于人性层面的血缘关系，在任何情况下都不会不存在，只不过权衡利害时有所侧重罢了。中国现实社会有一点可以肯定，即现代化发展越快，血缘亲情越是淡化，特别是兄弟姐妹间的亲情，至于宗族间的血缘关系，也将变得更加弱化。

4. 从文化角度如何评价中国人的名利观?

关于名利观，古来论者可谓多多。《战国策》中就讲："争名者于朝，争利者于市。"我们以儒、道、佛三家的观念来看名利，或许能够从中获得一些启发。

先说儒家的名利观。儒家是现世的哲学，不反对人们对名利的追求，却强调世间有比名利更重要的东西，这就是道义。《论语》中讲到："富与贵是人之所欲也，不以其道得之，不处也；贫与贱是人之所恶也，不以其道得之，不去也。"这就是说，当个人的名利与社会仁义道德出现矛盾后，应当不计个人名利得失，无条件地施行仁义道德，其中能做到的是君子，不能做到的是小人，亦即"君子喻于义，小人喻于利"。在这一点上，《孟子》所述最为清楚；"鱼，我所欲也，熊掌，亦我所欲也；二者不可得兼，舍鱼而取熊掌者也。生我所欲也，义亦我所欲也；二者不可得兼，舍生而取义者也。生亦我所欲，所欲有甚于生者，故不为苟得也；死亦我所恶，所恶有甚于死者，故患有所不辟也。"

再看道家的名利观。鲁迅说过，"中国的根基全在道教"，"人往往憎和尚，憎尼姑，憎回教徒，憎耶教，而不憎道士。懂得此理者，懂得中国大半"。那么，唯一出产于中国的道教对名利持什么样的态度呢？道教认为："罪莫大于可欲，祸莫大于不知足，咎莫大于欲得。故知足之足，常足矣。"因为"物壮则老，木强则折"，所以道家强调的是淡泊名利。身受道家思想影响的唐朝诗人白居易写过一首诗："吉凶祸福有来由，但要深知不要忧；只见火光烧润屋，不闻风浪覆虚舟。名为公器无多取，利是身灾合少求；虽异匏瓜谁不食？大都食足早宜休。"这首诗中的"无多取"与"合少求"，反映的就是道家对名利的基本态度。

相比而言，佛家的名利观影响更广。佛教文化已经成为整个中华文化不可分割的组成部分，像"思想"、"觉悟"、"真理"、"实在"、"五体投地"、"天花乱坠"、"无事不登三宝殿"等词句都来自佛教。如果把佛家文化的基因都抽走，我们的语言交流恐怕都会成为问题。佛家认为名利是空，世间万物皆空，都没有自性，都是偶然的，随条件的变化而变化，随缘而起，缘尽而散。《红楼梦》第一回中，甄士隐要出家，遇见跛足道人，道人念的《好了歌》及甄士隐听后的解词，反映的就是佛教对名利的看法。《好了歌》说："世上都晓神仙好，惟有功名忘不了！古今将相在何方？荒冢一堆草没了。世人都晓神仙好，只有金银忘不了！终朝只恨聚无多，及到多时眼闭了。世人都晓神仙好，只有娇妻忘不了！君生日日说恩情，君死又随人去了。世人都晓神仙好，只有儿孙忘不了！痴心父母古来多，孝顺子孙谁见了？"甄士隐的解词写道："陋室空堂，当年笏满床；衰草枯杨，曾为歌舞场；蛛丝儿结满雕梁，绿纱今又在篷窗上。说什么脂正浓、粉正香，如何两鬓又成霜？昨日黄土陇头埋白骨。今宵红绡帐底卧鸳鸯。金满箱，银满箱，转眼乞丐人皆谤；正叹他人命不长，哪知自己归来丧？训有方，保不定日后作强梁。择膏粱，谁承望流落在烟花巷！因嫌纱帽小，致使锁枷杠；昨怜破袄寒，今嫌紫蟒长。乱哄哄你方唱罢我登场，反认他乡是故乡；甚荒唐，到头来都是为他人作嫁衣裳。"

从现实主流社会倡导的名利观来看，奉献是主调。但是，鉴于当今人们的思想道德水平，奉献尚属一种需要倡导弘扬的精神，还做不到以此为基本的价值尺度来衡量和界定人。邓小平同志就说过，只讲奉献精神，不讲物质利益，是唯心主义，对少数人可以，对多数人不行，短期可以，长期不行。再者，如果人人都不顾及名声，所持有的都是“我是流氓我怕谁”的观念与心态，这个社会也就完了。毕竟，官和钱都是客观存在物，本身并不丑恶，其要害在于当了官如何用权，有了钱如何花钱，这才是鉴定一个人思想境界的关键。

我们还是应当强调追求人生中更本质、更有价值的东西，而不是仅仅盯在金钱上。生活中，只要我们稍加留意，就不难发现一些能够给人以启示的规律。一个公司在发展初期或规模很小时，往往是以钱为着眼点，一旦做大后，就不仅是为了钱，或者说不是简单地为了钱。再比如，香港特区政府财政司前司长梁锦松就明确提出，人不应当纯粹为钱而活着。他在担任司长以后，年薪从1000多万港元降为200多万港元。他为什么宁可少拿钱而变换工作？还是由于人生理念与人生价值追求所致。

5. 为什么中国人特别重视人际关系？

在世界范围内，像中国人这样重视人际关系的并不多，这是内陆文化、封建统治和农业经济三大因素共同作用的结果。它们的特征都是把人禁锢于一方土地之上。既然人的一生都是生活在一个小圈子内，别人的认同程度就极其重要了，甚至只有个性被扼杀，方才易于为人所接受。长此下去，还会有多少人勇于发展天性而不在意他人的好恶？

正是由于这些传统文化与思想观念，人际关系不断得到强化，一定时期甚至发展到了不能使社会正常运转的程度。比如，明代吏部尚书孙丕扬发明过掣签选官法，就是不管人品好坏和才能高低，官员升迁一切凭抽竹签的运气。想一想，一个国家的官吏队伍最后要通过抽签的方式产生，岂不荒唐至极？出现这样的方法，原因在于人际关系已经使官员任用很难再通过正常的选拔方式完成。明朝开国后，因为担心官员不可靠，朱元璋将三个一品宰相全部杀掉，并且还在《皇明祖训》中明言：有敢建议立宰相者，灭九族。没有了宰相，皇帝与大臣之间便失去了正常的沟通和运行机制，非正常的渠道自然畅通开来。于是，围绕皇帝形成了一个以宦官为主体的灰色权力集团，官员们都是从宦官那里找路子谋取肥缺。由于不敢得罪宦官，又不想把官僚体制变得更坏，孙丕让最终不得已起用了掣签法。由此可见，历史上中国的人际关系究竟有多大威力，并且带来了什么样的负面结果。

新中国成立后，户籍制度与从一而终的就业观念，仍然强有力地约束着人们的思想与行为。直到改革开放和发展市场经济，人们的思想观念才有了很大的变化，再加上户籍制度的改革，人们已经完全可以摆脱“乡土”的束缚。但文化是深印于心灵深处的，它所带来的一系列问题决非短期内就能解决。由于公共资源的市场化程度还很低，经济活动还做不到完全以市场这只“看不见的手”来调节，所以人们还得依托社会关系获取更多的利益。这导致中国人过于偏重人际关系的状况没有较大的改变。

中国人重视人际关系，固然反映出中国人的亲情，但如果发展成为决定社会运行的主要力量，就走向了反面。人与人之间的一切以关系为重，必然会使关系在一定程度上替代制度和法律。没有了规则也就谈不上公正和公平，人们在利益驱动下，必然把相当大的精力投到织关系网上。当每一个人织就了一个以自己为中心的关系网，人人都处于一个网中，左冲右突而不得出，这样的结果不仅害了自己，同时也使整个社会深受其苦，因为关系网只会产生依赖感，而非拓展力的强化。当大众认识到关系可以点石成金后，他们还会大力提高改造自然的能力吗？假如一个民族的人们陷于这样的理念之中，何言更大的突破与拓展?!

当然，我们也应当相信，今天中国的发展的确日新月异，人际关系也必将像经济领域的变革一样，不断向更良好、更健康的方向发展，这恰是希望所在。

6. 为什么很多人存在双重人格?

中国人双重人格的原因，可以从历代王朝的存在和发展模式中寻找。据著名学者南怀瑾考证，置民族英雄岳飞于死地的不是秦桧，而是宋高宗，原因在于岳飞提出了一些高宗不喜欢的意见和建议。岳飞提出的“直捣黄龙，迎回二圣”的口号高宗就不会喜欢，因为迎回了徽宗或钦宗，他这个皇帝就做得不合规矩了。岳飞提出请立太子，也会使高宗怀疑这员大将要投靠新主子了。加上南宋追求偏安，一心议和，金兀术却“必杀岳飞而后可和”，最终让高宗动了杀机。假如没有高宗的授意，凭秦桧之力很难置岳飞于死地。这一点从岳飞死后，编修胡铨明确提出反对议和并请杀秦桧，秦桧亦不敢置其于死地即可看出。

由于历代王朝的治世特点是以长官意志为重，而长官又通过机制养出了唯我独尊的心态，使得有识之士往往不仅不会得到重用，相反还常常引来杀身之祸。所以历代王朝的官员都努力揣摩皇帝的心态，同时尽力表现自己的谦恭。一级级下来及至民间，全社会、全民族就会陷入由心理发展至精神和人格的扭曲。

这一现象背后的实质涉及一个严肃的问题，即我们追求表面一致还是深层次的一致。对此，毛泽东早就说过：“我们要追求根本上的一致，而非口头上、表面上的一致。”比如，罗马尼亚是东欧国家中共产党员在全国人口中所占比例最高的国家，6 个人中就有 1 人是党员。罗共最后一次党代会，齐奥塞斯库在全会上作报告时，被雷鸣般的掌声打断数十次之多。在这种情况下，谁能想到后来他们夫妇二人逃亡时，竟没有一人伸出援助之手？所以说，表面上的“团结一致”和欢呼声，大多不过是迷惑人的麻醉剂。

有些人有一种强烈的官位崇拜，见了当官的，要么绕道走，要么点头哈腰，并且每一级当官的，活得都不轻松，都要看上级的眼色行事。这既是人身依附关系的作用，也是因为大众的人格不够健全，官德不彰所致。史料记载，洛阳县令董萱不畏公主权势，敢于在宫殿上不屈服，那些宦官说其脖子硬，他就是不低头认错。这个脖子硬，就是人格与道德理念作用的结果。一个人要作为社会所认同的官，脖子硬、腰杆直是十分必要的。

在强调人格独立重要的同时，整个社会还需要为人格独立提供条件和基础。春秋时期的文化繁荣，西方的古希腊、古罗马乃至文艺复兴时期的文化艺术的兴盛，都离不开社会提供的公正、平等、人身权利等基本要素。

7. 民族性格对艺术产生什么样的影响?

从民族性格上讲，中华民族太渴望喜剧、完整和圆满了，并且从骨子里排斥残缺与悲剧。比如，很多人都希望重建圆明园，再现最鼎盛时的景况，尽管这样并没有任何意义。留存至今的建筑是历史，也是文化，同时还有想象的空间。如果把曾经有过的东西仅仅复原一遍，充其量多了几堵砖墙而已，怎么看怎么不伦不类，怎么玩儿，怎么“小儿科”。许多欧洲古文化遗址，像公元前6世纪的赫拉神庙、公元前5世纪的帕提农神庙、公元1世纪的科洛塞竞技场、罗马的弗拉维安竞技场，都属于世界级的文物古迹，却从未听说有动议把它们再恢复成原样，尽管维护这些古迹所花的钱并不比新建要少。

这样的心态存在于很多方面。我们进行演习时，不论对手多么强大，胜利一定是属于我们的。反观美国，尽管在经济和军事上可谓无人能够抗衡，却在许多演习中得出中国胜利的结果。或许由于我们自近代以来失败的记录太多，以至于心灵无法承载，故而总希望想象中的胜利。这一点反映到大众心理的深处，也折射在社会的方方面面。其实，刻意营造一种圆满和皆大欢喜的氛围，真的没有多少实质意义。一个人、一个社会或一个国家，更应该有的是危机感和危机意识。

8. 为什么说独立完善的人格是我们民族成熟的标志？

我们首先应当作出一个价值判断，就是人格应定位于何处？诺贝尔奖获得者杨振宁在清华大学工作期间带过几位博士生，他们认为影响自己最大的是大师几近完美的人格。这印证了一句格言："小胜在智，大胜在德。"一个人的人格高下，直接决定着他的人生走向与成就。完善人格、提升道德，不应是别人对自己提出的要求，而应是自己主动的人生追求。人生修养不仅影响着个人的发展，甚至还会影响到一个民族的发展，因为民族的成熟与否，是建立于整个民族的大众人格独立之上的。

在这方面，我们需要检讨的有很多。几千年的封建统治，导致了大众人格的不健全，相当一批人习惯于跪着说话，而非以独立的人格立世。

当然，讲人格独立，并不意味着一件事无论是个人行为还是集体行为，都要站到民族的角度思考问题。倘若如此，同样说明我们民族的不成熟，因为把个人行为被上升到民族尊严的高度，比如把一场很平常的体育比赛等同于国家利益，只能说明我们存在着深及心灵的自卑与嫉妒，只好用那些细枝末节来平衡孱弱的心理。环顾世界，所有弱国都习惯于以此来进行民族教育。真正的成熟与大气，只能源自务实，源自于宠辱不惊。

9. 保证中华民族血脉不断的主要动力来自哪里?

保证我们民族血脉不断的主要动力，来自于中国传统文化的作用，来自于文化的认知。正是由于有了文化认知，才保证了在任何情况下中华民族的血脉不会更易。

武则天称帝后重用索元礼、周兴、来俊臣等酷吏，大量诛杀唐朝宗室、大臣达数千家，但同时也重用人才，开创了“殿试”制度。就是这位无人可以撼动地位的统治者，临死前并没有把帝位传给侄子武承嗣，而是传给了中宗李显，以保持大唐宗脉不断。她在病中说：“我已活到八十二岁了，别人做不到的事，我都做到了，还有什么不满足呢！回忆往事，真像在梦中一样。此后，不必称我为帝，仍然称我为太后，叫则天大圣皇后吧。”她还这样告诉中宗说：“你要保全武氏家族。”

武则天如此作为，既是因为宰相张柬之等率领文武群臣杀死内宠张易之、张昌宗等人，拥立中宗即位，表明一些唐朝臣子不惧生死而努力恢复唐室，但同时也是她本人的理念所至。她之所以要求自己的墓碑不立文字，成为“无字碑”，正是因为她至死也没有做到对自己行为的真正认同，内心深处依然存有割不断、拂不去的文化认知。

10. 当前需要重点关注的问题是什么?

当前，我们民族应当重点关注的是教育。

改革开放三十多年来，中国经济之所以发生了翻天覆地的变化，更主要的是得益于解放生产力。但是，解放生产力产生的效能在理论上是会逐渐降低的，要保证国家继续保持飞速发展，必须靠人才，靠民族文化素质的提高。然而直到今天，有些地方依然有不少儿童因为贫困失去了受教育的天赋权利，教育部门还没有把儿童受教育与民族素质等同起来，甚至将教育看作一个产业，这实在令人无法接受。

教育的重要不必待言。早在十九世纪六七十年代，西方就已经实现了儿童免费入学。欧洲普法战争中，作为附属国的德国为什么能够击败比自己强大得多的宗主国法国，并使这个欧洲大陆的霸主从此一蹶不振？究其原因，在于德国士兵所受的教育水平比法国高，在勇气之外更增添了智慧，产生出更强的战斗力。德国人对教育的重视令人称道。1885 年，被称作“铁血首相”的俾斯麦七十大寿时，他从 250 万马克的贺礼中拿出 120 万马克作为学位津贴。首相如此，政府更是不惜金钱。早在 19 世纪 70 年代，德国就进行了近代教育革命，即以强制手段“迫使”家长送孩子接受教育。1895

年，德国的文盲率已经下降至0.33%。1900年，仅普鲁士地区就有1070所工业实习学校。1910年，中等技术学校的在校生高达135.6万人。在重视基础教育的同时，德国也没有忽视高等教育，良好的基础教育更为高等教育的发展打下了基础。到了19世纪末、20世纪初，世界一流的科学家云集德国，不论是基础科学还是应用科学，德国都走在世界的前列。正因为此，1901年至1914年，德国有13人获得了诺贝尔奖。

分析介绍德国重视教育的历史情况，目的是强化我们对教育的重视。政府更愿意做的是立竿见影的事情，以尽快显现出政绩，得到选民的肯定与拥护，这是短视和急功近利的本性决定的。这种情况下，只能靠法规制度的约束，保证政府做长远的事情，以此达到教育上的突飞猛进。

11. 如何评价我们当下的民族素质?

民族素质是一个涉及面很广的概念。如果从科学的角度来评价我们的民族素质，结果并不乐观。

据中国科协项目小组和中国人民大学统计系共同完成的抽样调查显示：2001年中国18－69岁成年人中科学素养为1.4%，美国人早在1990年即已达到6.9%，欧共体在1989年达到了4.4%。差距可谓遥远。

具体来看我国不同职业群体的科技素养状况：学生11.42%，专业技术人员6.29%，商业工作人员5.81%，办事员4.67%，国家机关、党群组织和企事业单位负责人4.55%。

这组数字中，最值得思考的当属领导干部的科技素养不如办事员了。中国民众科技素质不如西方发达国家，这与诸多历史原因有关，只能假以时日予以赶超。但是，领导干部科技素质低到这样的程度，对社会发展将产生很大的负面作用，成为一些瞎指挥现象长期存在的重要原因。这也说明，许多领导干部把大量的时间都放到迎来送往上，不肯拿出时间或根本没有时间读书，直接导致出现执政能力长期不高的大问题。

12. 如何认识我们的民族心理特征?

中国人好面子。面子是个无形的东西，却可以让一批批血气方刚的青年，甚至包括相对成熟的中年人和老年人为之自毁已经获得的一切。也就是说，面子可以使懦夫变成莽夫，更多情况属于非理性行为，起的是破坏作用。

中国人由于受内陆文化的影响，存在着闭锁的特点，外向性表现得不够。比如，吉林人在国家粮食供应不足的年代，由于自己的贡献大，产生了一种自豪感。到了今天，粮食的生产成本和质量无法与发达国家相比，吉林人产生了失落感。实际上，重工业基地的辽宁，也曾出现过这种情况。

社会一直是发展变化的，物竞天择，适者生存，这是自然界的基本规律，人类发展史和大国兴衰史都已经充分证明了这一点。如果我们不能正确对待这种失落感，仍然怨天尤人，只能说明心理不成熟，未能以外向拓展的心态判断问题，分析矛盾，以求改善。

13. 为什么说我们的民族缺少个性?

从民族传统和习惯来看，我们更强调的是循规蹈矩，按部就班，不能越雷池一步，即上级为下级规定了行止，父母给孩子规定了行止，老师给学生规定了行止。这种“萧规曹随”式的教育，容不得超越和变化，总是站在一边找别人的问题，而非以欣赏的心理和姿态认识和判断问题，最终只能使大众的行为缺少个性。当一个民族总是以“权威”和领导意图唯马首是瞻，这个民族还会有出息吗?!

诚然，每个民族都有自己的行为方式和文化传统，没有必要处处仿效别人，但其他民族的思维方式和处事方式，依然值得我们借鉴。历史证明，循规蹈矩，按部就班，没有一点创造力的个人或集团，都难成大器。比如，我们追求舆论一致，其实从来都没有真正实现过。毕竟人是形形色色的，追求表面的一致，只能使不一致由公开转为地下，那实际上更可怕。

14. 如何看待不说假话难成大事?

我们民族在敢于讲真话方面并不乐观。据媒体报道，温家宝总理到四川进行考察时，在一天之内5次对现场群众说：“你们要给我说实话”。为什么反复讲这一点呢？显然他知道说实话很困难，社会中相互欺瞒的情况很严重。

说真话难，与之相对应的当然是假话盛行。一旦假话足以盖过真话，足以成为大众的处世哲学，就不能再以特殊时期的特殊现象搪塞，因为这实际是一种病态的反映，说明社会发展出现了问题。假如“不说假话办不成大事”成为社会正常现象，那就不仅是思想政治教育工作者的悲哀，也是社会机制的悲哀。马克思说过：法兰西不缺少有智慧的人，但缺少有骨气的人。鲁迅先生则认为：总要有第一个人出来喊啊！如果一个民族到了没有一个人敢出来说真话的地步，这个民族就没有希望了。

05

第五章 激发我们的创新精神

科学研究的功利之心，远大于由于科学发现而产生的激动，是影响民族创新的重要因素。怀旧意识和权威心态，是某些中国人文化心理的重要表现，也限制了创新意识和创新能力的培养。

中国欲立于世界强国之林，务必要走出“安乐窝”，勇于和乐于到世界大竞技场上去搏击。

1. 是什么抑制了中国人的创新能力？

创新能力直接决定着一个民族的发展。

美国国家科学技术委员会曾在《为了国家的利益发展技术》的报告中认定："技术进步是决定经济是否持续增长的一个最重要的因素"。

然而，每当我们触及这一问题的实质时，都难以避免一个痛苦的现实：尽管我国在明代以前是世界科技的领跑者，但明代以来创新能力就日渐萎缩，到了清代，中国人首创的东西凤毛麟角。美国多家专业学会共同评出了影响人类20世纪生活的20大发明，其中没有一项是由十几亿人口的中国人发明的。《北京日报》曾经刊载的18项百年科技重大发明中，美国人占9项，英国人占4项，前苏联占3项，德国人占1项，只有一项基因图谱吸收中国人参加，工作量也仅为1%。

分析这种尴尬状况，第一个原因是传统思维习惯与行为方式制约着创新。新中国成立后，由于历史与现实的原因，我们的创新能力并没有达到应有的程度，"文革"十年更是使科技领域遭遇了空前的劫难。与此同时，一些长期以来难以消除的精神、心理和行为习惯上的局限，也严重影响着科技创新。在习惯性思维方面，与清末“洋务运动”偏重硬件的引进相似，许多企业家仍然钟情硬件而非软件。近年来，中国科研经费投入比重大大低于发达国家的2%～3%，也低于新兴工业化国家的1.5%～2%，甚至低于印度、巴西等国家的0.9%～1%，说明我们的差距依然很大。

第二个原因是没有制定出必要的知识产权保护制度，影响了人们的创新积极性。媒体曾披露，浙江省云和县每年出口木制玩具6亿元，其中3亿元在海外“旅行”一圈后又回到了国内，这时价值已经翻了5－10倍。为什么做这样的傻事？根本原因在于我们没有知识产权的约束，面对技术含量很低的木制玩具，厂商们完全可以订少许样品而后仿制。所以，云和县上百家店铺的样品间几乎不对国内厂商开放，国内销售也仅为6000多万元。这件小事完全可以印证这样一个观点：如果知识产权的权威性不能真正确立起来，中国社会肯定产生不了盖茨，科技领域也不会产生诺贝尔奖得主，中华民族更不会成为全球科技的领跑者。

第三个原因是心理深处的自我压抑或社会压抑。由于民族文化传统中有许多诸如“枪打出头鸟”的观念，再加上封建王朝“防民之口胜于防川”，高压心理压力改变着人的行为习惯，人人心理负担都很重，缺少激情，更不会产生创造的欲望。这种心理压力是无形的，对人的影响更大。

第四个原因是改革开放以来，急功近利与浮躁心态相当严重，一定程度上影响了重大发明的产生。从现实社会可以看出，不管是哪个领域，人们更热衷的是赶浪头、凑热闹、争头彩，而非踏踏实实地针对某一具体问题进行长期深入研究，以求更大的突破。在中国近现代科学技术回顾与展望国际学术研讨会上，美国华盛顿大学副教授饶毅直言：行政人员和财政部门对科学经费有审核权，负性干扰科学研究，急于求成积习难改，以至于难以对一个或少数几个问题钻研到底直至发现重要规律和形成特色体系。

总之，某些时候我们更重科学研究的功利作用，而非科学本身，更不是由科学发现而产生的激动，这些都是影响民族创新的重要因素。

2. 阻碍中国人发挥创新精神的深层因素是什么？

限制着中国人的创新精神和能力的原因有很多，最主要的还是文化。

杨振宁教授曾提出，《易经》是影响中华民族思想方式的重要因素，也是中国没有产生近代科学萌芽的重要因素。在中华文化中，很早就有“天人合一”的观念，《易经》中每一卦都包含天道、地道、人道，虽然也讲到了自然的规律，但总体上还是认定天道即人道，天的规律即人的规律。

《要把金针度与人》曾记载这样一件事：历史学家陈寅恪从欧洲回国，一次去拜见父亲的朋友夏曾佑。夏曾佑说：“我很高兴你能懂很多文字，有很多书可以看，我只能看中国书，可惜都看完了，现在已无书可看。”陈寅恪甚感不解，中国典籍浩如烟海，怎能无书可读？然而，到了70岁时，陈寅恪产生了与夏曾佑相同的感觉：“中国书虽多，不过基本几十种而已，其余不过翻来覆去，东抄西抄。”

此言不谬。为什么中国浩如烟海的图书竟然只剩下几十种？主要原因是民族思维的方法和封建统治的方式都是强调一统，排斥求异思维，只要出现不一致，便被视为异端扼杀。当然，这并不是说欧洲就没有出现思想被限制的时期，比如宗教统治一千年，也是以强力把哥白尼的日心说、布鲁诺的宇宙浩瀚理论扼杀，甚至包括科学家的肉体。庆幸的是古希腊的文明已经为科学思想奠基，包括苏格拉底、柏拉图、亚里士多德在内的诸多伟大思想者，以他们为思想而献身的勇气影响着后人。

中国人缺乏冒险精神，很少创造出惊世骇俗的探险业绩，尤其缺乏结合功利性目的的探险业绩。尽管唐代堪称文化鼎盛，富甲全球，却少有人出国门、渡沧海。只是到了数百年后的明代，才出现一个下西洋的郑和，结果除了去证明中华帝国的伟大，就剩下一些散财馈赠之举。正是中国人缺乏外向的开拓和冒险精神，导致芸芸亿万大众只能生活于一个大的封闭圈内。如果到此为止也无不可，问题是中国人又有着绝顶的小聪明，因其无处施展最终只能用到“窝里斗”上。影响至今，相当多的人不敢到世界大舞台上竞争，却敢于在国内斗；不能到社会上去闯，却是在本单位琢磨他人、暗地使绊子的高手，这怎能不使人顿感悲哀?！所以，中国欲求立于世界强国之林，务必把其子民推出“安乐窝”，使其敢于、勇于和乐于到世界大竞技场上去搏击。

怀旧意识和权威心态，是中国人文化心理的重要表现，也限制了创新意识和创新能力的培养。我们发明了活字印刷术，却与现代铅字印刷失之交臂。毕昇发明的泥活字印刷术效率远高于雕版印刷术，但留传下来的印刷品并不多，远远少于宋代的雕版印刷品。这就是怀旧与权威心理在作祟。由于磨损，宋代雕版印刷出来的作品往往变成了“花脸本”、“邋遢本”，但还是有人乐此不疲，原因便是“我用的是宋版书”的心理。因而，活字印刷技术停滞，铅字印刷不是出在中国便没有什么可奇怪的了。

那么，保持创新活力靠什么？

一个人难的不是一次超越自我，获得一次的创新，而是难在思维方法上的改变。只有思维方法得到改善，才能保证在任何时间、任何状态下都可以超越自我，实现突破。为什么思维方式方法会由创造到保守呢？根本原因是经验积累形成定势，定势演化为思维方式和思想方法僵化，即使原本正确，也会化为阻止发展的障碍。历史地看问题，能够超越自己成名作而再造辉煌的学者不多，而一生都处于敢于吸收新生事物、不断创造辉煌者，更是少之又少。

3. 从文化传统看，“造神”如何抑制着民族创新？

从民族文化传统角度讲，抑制民族创新的最大问题是“造神”与自愿被精神驾驭。中国历史上，把人变成神在哪个时代最严重？明清两代。正是在在这一时期，人变成了神，变成了大众顶礼膜拜的对象，大众的精神备受桎梏，唯一能做的是遵从而非思辨，创造力也就无从谈起。为什么朱元璋夺取江山后，极力搞造神运动，把自己神化呢？因为他是乞丐出身，当过和尚，想找到理论依据，证明自己的正统和称帝的必然。当时民间流传：朱元璋出世时“屋上红光烛天”，以至于皇觉寺里的和尚看到后大吃一惊，疑为失火；因捅娄子而被住持捆起来扔于台阶下的朱元璋，大字不识，却作诗一首并大声吟诵："天为罗帐地为毡，日月星辰伴我眠。夜间不敢长伸脚，恐踏山河社稷穿。"还有一个在江淮大地上广为流传的故事：朱元璋一次站到一个倒地石碑上，在石趺龟背上眺望远方，石龟居然向前爬了十几米。于是这成了接新天子的依据。想想看，中国人总是在自己的精神世界矗立着一个虚幻的图腾，还有什么创造力可言?!

4. 为什么工作在西方的华人科学家能够获诺贝尔奖，我们至今却不能?

在相当长的时间里，中国科学家距诺贝尔奖有多远可谓热门话题。有人说，中国科学家没有人获得诺贝尔奖，原因是科技积累不够。的确，这是一个重要原因，但还不能算是根本原因。诺贝尔奖得主、华人科学家杨振宁认为，获诺贝尔奖的国家要有三个先决条件：人才、传统和经济的支持。中国有着优秀的科技人才，在美国国家自然科学基金会200名从事物理研究的院士中，其中大约20个人有中国血统，但由于建立于中庸基础之上的学术传统不是很好，导致了中国科技界创新能力有限。杨振宁说："中庸之道对于科学技术的发展不是最好。中国为何没有得出欧几里得的几何定律？因为中国倡导中庸、不太允许标新立异的文化传统与打破砂锅问到底的科学精神相背离，这种文化机制不利于培养标新立异的科技人才。"

科技积累包含很多内容。既为积累，就包括层加，而非堆积，而层加是需要坚实的基础的。在我国的科研领域存在着一个普遍现象，这就是惯于思辨，而不善于严谨的数量推理。如此，人们的思想充其量是堆积，而非层加、递进。而西方科学家即使面对一个司空见惯的现象，也愿意通过严谨的量化来分析解析。这是很重要的思维习惯和研究习惯。所以，我们确实面临一个如何学习西方科研方法的问题。

中华民族自明代以来，由世界科技的领跑者变为跟跑者，一定意义上与“八股文”、文字狱等限制人们的思想有关。在封建时代，似乎全社会仅有一个人的脑袋思维，一个人的声音说话就可以了，更多的人不敢、不愿、没必要再产生独立的思维。长期下来必然形成思想依赖，而依赖与无条件地服从难以造就出具有独立思维能力的民族性格。每个人都能够改变自己的思维方式，凭中国人的聪明和智慧，什么奇迹都可以产生，关键是社会能否为这一改变提供文化环境与机制基础。

所谓创新思维，实际上就是看一个人遇事能不能求异地思考问题。有这样一个小故事。从前有个国王，在一个水池边突发奇想，要求大臣们在不用桶量的情况下，在三天内把水池中的水量弄清。三天过去了，没有人完成任务。这时一个孩子对国王说，这个问题太简单了，如果所用的桶与水池一样大，池中的水是一桶，如果水桶是水池的一半，是两桶，如果水桶是水池的四分之一，那么就有四桶水……小孩子之所以轻易地把问题解决了，原因是在于他的脑子里没有那么多的框框，没有框框的大脑会产生出乎意料的创造力。

除此之外，功利主义和实用主义使想象力丧失，也是制约创新能力的重要因素。这一点用我国的民族建筑特点加以说明或许会更清楚。美学家李泽厚在《美的历程》一书中说：“实用的、入世的、理智的、历史的因素在这里占着明显的优势”。“在中国建筑的空间意识中，不是获得某种神秘紧张的灵感、悔悟或激情，而是提供某种明确、实用的观念情调”。“中国建筑的平面纵深空间，使人慢慢游历在一个复杂多样的楼台亭阁不断的进程中，感受生活的安适和对环境的主宰，瞬间直观把握的巨大空间感受，在这里变成长久漫游的时间历程。”相比而言，西方的建筑更重视个性的张扬，哥特式建筑一定与罗马式建筑不同，同一建筑风格产生出来的也不尽相同。这实际上造就的就是人的丰富想象力，让思维不受限制地去创造。反观中国的传统建筑，都是大屋顶、木梁架、斗拱飞檐、中轴线封闭式的构造，被毁后再建还是这样，很多著名古迹重建过多次，但格式没有太大的变化，至多规模上有所扩大，甚至换个朝代仍然是这样，如同超稳定的封建社会。再比如，秦始皇兵马俑尽管有几千个，相互之间依然没有太大的区别；时代相差无几的古希腊雕塑，却极重个性的张扬。显然，与西方强调个性的意识不同，我们的历史传统强调共性，甚至演绎成枪打出头鸟、中庸之道这样的行为习惯。这不能不说是抑制民族创新的重要原因。

5. 封闭心理怎样抑制了民族的创新力?

在中国，所谓的封闭心理源于封建统治，也源于我们的建筑结构。前者导致民众心理内向，后者潜移默化人的思维习惯。比如，明清时的“文字狱”、八股文表现了封闭保守的心态，禁海也是封闭心理的反应，长城、围墙、护城河与壕沟等，都构成了封闭圈。再比如典型的中国建筑模式——四合院，实际上也非开放式的，久居于这样的环境中，必然使人的心理发生变化。而西方的乡间别墅，往往独立于一片草地或一片森林中，周围并无圈起来的院落，充其量是一排不太高的木栅栏。这种建筑模式所带来的视野开阔性，显然是我们无法比拟的。

关于围墙影响中国人的心理发展变化的问题，我们可以看一些古城，比如北京、西安、南京等，在未拆城墙前，可以说城墙内外的房地产价格悬殊，原因何在？究其原因，是人们的心理在作怪。当人的心理形成城内城外的价值判断后，地理上的关系被心理上的距离感所取代甚至放大。由此可见，围城心理不仅妨碍着中国人超越自我，也制约着中国经济的发展，限制创新能力的提升。

6. 为什么我们的原创能力缺失？

这需要我们从源头上看，到底是什么在影响和制约着创造力。有些看似并无关联的东西，细分析起来却有着深刻的内在联系。比如，人格独立与创造性有没有关系？初看关系不大，细想起来关系不小。假如一个人没有独立的人格，就不会有独立的思维，就不会有开拓创新的勇气，更多的是看别人，是从众，总是这样做，何求独创性？

在封建思想的禁锢下，没有独立的人格至今仍然是制约中华民族的严重问题。很多中国人总习惯于下跪，习惯于仰视，习惯于屈从权威，何求突破？所以说，在论及创新问题时，一定要弄清问题的源头，一定要从民族深层次上予以改善，非此不足以真正把民族创新推向世界最前列。归结起来，独立的人格，敢于求异的思维，而非仰视权威，是创新的必要条件。

原创能力的缺失，农业经济与内陆文明是重要原因。有人或许会说，同样是农业经济与内陆文明，明代以前中国为什么能够成为世界科技的领跑者。要回答这个问题并不困难。任何一种文化或文明都与产生这种文化的社会环境、自然环境、人文环境有关，它们能够吻合，则会产生许多奇迹。同时，任何一种文明都不可能永远辉煌，它必然伴随着时代的变迁而失色。农业经济基础上的文明就是这样，尽管它是人类发展、世界文明发展不可或缺的，但它必须在进行自我更新的基础上才能保持辉煌。当工业文明到来之后，我们没有适时进行自我更新，也就难以迈着沉稳的步伐走向新时代。那么，这是否意味着农业经济基础上的文明必然永远陨落？当然不是。只要我们抓住机遇，完全可以更新自己，开创未来。上世纪80年代初，沈阳至大连高速公路上抛锚的车辆基本都是国产车，因为国产发动机不堪高速度运行的重负。如今，在遍布全国的高速公路网上，还能看到这样的现象吗？显然不会。由此可见，在外部世界或新事物的冲击下，只要敢于解放思想，学习别人，更新自我，创造新的文明，就完全可以造就新的辉煌。

7. 我们现有的创新成果与民族智力相匹配吗?

创新能力决定着发展能力和发展潜力，对任何一个民族都是十分重要的，应当放到民族之魂的层面对待。对于中华民族来说，创新能力尤其重要，因为我们是一个大国。一个小国或一个人口较少的民族，完全可以借鉴或跟随别的国家和民族来谋求自身发展。但对一个人口众多的大国来说，不管是从国家发展的需要，还是从心理、精神方面看，都不容许亦步亦趋地跟在别的国家后面。只有创新，不断地创新，尤其是在许多领域走在世界前列，才符合大国的身份。

明清两代的创新成果与民族智力，远没有达到应达到的匹配程度。这是因为社会机制和文化传统存在问题，统治阶级的强力约束与民众的奴性，在很大程度上扼杀了创造冲动。明太祖朱元璋为了进行思想控制，大搞特务统治，派出大批检校监视百官言行，凡听到有辱圣听的语言，便大开杀戒，因此而死去的冤魂不计其数，以至于大臣上朝前先和妻子儿女告别，一旦未出事，便全家欢庆，又多活了一天。试想在这种强力控制下，还会有人产生思想创新的冲动吗？可以说，中国由世界科技的领跑者到跟跑者，是自明代开始的。清代同样如此。皇帝把大臣视作狗，大臣也没有了应有的风范，人人明哲保身，只求尸位素餐，绝不敢求得什么突破。尽管清代在经济上曾经有过辉煌，科技上却没有进步，思想控制是重要原因。无怪乎德国哲学家黑格尔讲，在东方国家，只有一个人称其为人，这就是皇帝。既然大众在心理上、人格上一直独立不起来，有何创造力可言？

古希腊文明的发展，不仅表现在政治、文化、艺术诸方面的成就，还高扬着人文主义精神，从而决定了在这个城邦中的民众深信人的自由、人的高贵。希腊的国歌中就写道："世间有许多奇迹，人比所有奇迹更神奇。"希腊人的观念中有一个不可动摇的信念，这就是个人价值。伯利克斯就曾说过："我们公民中的个人，都可以在生命的每方面显示出他就是自己当然的主人，凭借着他自己独特的天赋，才智，独特的广识博知，自作主宰。"可以这样说，希腊人把整个人类搀扶起来，使之昂然挺立于宇宙之间，这种贡献之巨大，是如何评价都不过分的。要知道，文明更古老的埃及人、美索不达米亚人和波斯人，都是把人类视为匍匐在天神、人主脚下的卑微存在。

希腊人注重个人价值的观念，更多地体现在社会的方方面面。经考古学家、历史学家认定，仅在雅典一地，可以确知姓名者便达2万之众，都平等地参与公共事务，从而将姓名留于册籍之中。雅典创造出的民主政体堪称经典，与这种人文精神和强调人的独立性是有极大关系的。

8. 为什么我们习惯于跟风与盲从？

中国人的跟风与盲从现象严重，这种浮浅的做法在一些领域中甚至成为了一种习惯，表现在文化界便是浮浅化和快餐化泛滥。

为什么我们习惯于跟风与盲从？原因之一是我们在思想文化传承和政治生活领域存在的历史局限性。

从民族文化传承的角度看。近代西方文明有四个基本源头：一是文艺复兴；二是十六、十七世纪的新科学；三是宗教革命；四是工业革命。是什么造就了这四个源头的产生，进而造就了西方今天灿烂的文化艺术与先进的科学技术？从一定意义上说有大学的功劳。

欧洲在十二、十三世纪城市形成，商业兴盛，在文化交流和知识的竞争中，诞生了第一批大学，传授哲学和其他古代经典，同时也宣传经院哲学和神学思潮。后来，大学里汇成了两大对立的思潮，一个是理想主义和神秘主义的对立，另一个是信仰的理性化和“自然主义”的对立。不同思潮的存在，带来了碰撞，催生了新知，开始传播专门的学问，在大学工作和学习的人不再仅属于脱离世界的教会精英。

中国的文明史更为悠久，文明产生的时间远远早于西方，但在教育方面却是滞后的，高等教育的滞后尤为严重。我们的文明史虽长，却在焚书坑儒、“文字狱”和愚民政策的破坏下屡屡中断，使文化遭受了空前的浩劫，几乎没有通过大学来积累和传承文化。直到1998年，北京大学方才迎来百年校庆，而几百年历史的大学在欧洲比比皆是。实际上，真正地进入民众骨髓和血液中的文化传承，只能是通过人与人的承接，法国人讲“300年出绅士”原因即在于此。

如果文化仅仅通过地下出土的、崖画上描述的和故纸堆里清出的去体现，再久远也不会造就出当代优秀的民族。想一想，历史上很多农民起义，是以大火证明自己时代的开始，证明自己时代与前一代的不同，可以感受到我们民族文化的劫难何其多。

9. 什么限制了中国人的创新精神和创新能力?

成熟与独立的思维在我们民族中是很欠缺的品质，人格不够健全更是很突出的问题，究其深层原因，与封建社会的统治方式有关，也与不断扭曲人的思维有关。

第一，违心的自我批评是导致人格扭曲的重要原因。政治斗争、政治打击所带来的危害，导致了一批批的人为了保全自己，不管是否违心，不管自己是否有这种错误，每遇政治运动都会自我批评一番。这样的结果只能导致不顾人格，只求苟安。进行自我批评是好事，然而无度的自我批评所带来的只能是人们没有是非感，没有原则意识，结果也就没有了人格。

从历史上看，由于封建统治，大众的独立人格一直没有很好地建立起来，难以使人更好地成熟，难以使人具有独创能力。一个人没有独立的人格，就没有个性，就不会为保持人格而付出代价，就不会为真理而敢于负责，创造、创新的欲望也就不复存在。创新属于个性化行为，独有的东西必须建立于独立的思维之上。一位华人诺贝尔奖获得者说过，中国到美国的留学生最大的特点是胆小怕事。去过美国的人回来后介绍说，美国有一个不同民族的抽象夸张的蜡像馆，其中竟然没有华人的造型，当问及为什么时，美国人两手一摊：你们中国人没有特色，没有个性。

第二，中国人不善于从科学方法入手，从细微处分析问题，也是不能求得大的突破和创新的重要原因。我们民族的思维习惯往往是差不多就可以了，结果造成了弹性过大，操作起来往往南辕北辙。比如说公布的法规制度中，规定党政干部“不能到不健康的场所去”。何为不健康的场所？桑拿、歌厅叫做不健康的场所？恐怕不能一概而论。我们往往形式重过内容，落到纸上就算是完结了，至于能不能执行则无人追究。

第三，民族生活习惯或者说家庭亲情的表现方式，也在限制着创新能力的提升。当年胡耀邦到英国访问时就谈到，西方十几岁的孩子把旅行包往肩上一背，一个人就出国旅游，而我们的青年人往往不敢离开父母。这种现象的背后，是教育方式存在问题。中西方孩子出生时的智力水平相差不大，更多的区别是后天施予的不同教育造成的。西方人敢于让孩子闯，敢于让他们冒险；中国的父母从孩子生下起就抱着背着，孩子的一切都想管，并且认为孩子这也不行，那也不行，离不开父母，就像孵小鸡一样呵护着。这种环境下成长起来的青年，自然缺乏创造力。

10. 提高民族创新能力，政府该如何发挥战略导向作用？

一段时间以来，我国学术界抄袭现象很严重，多年前《中国青年报》就曾报导过北京大学社会学系王铭铭教授剽窃的事件。如此著名大学的卓有成就的年轻教授也陷入这类丑闻之中，不能不说与社会机制和导向有关。从社会机制来看，知识产权保护问题一直没有很好地解决，那种“天下文章一大抄，看你会抄不会抄”的逻辑，一定程度上就是这种产权模糊造成的。与此同时，学术评价单纯以数量为重，最终必然会出现这样的结局。

在西方学术界，对于知识产权的保护非常严格。美国哈佛大学发给入校生的《哈佛学习生活指南》，在显著位置用加黑加粗的字体印有两段话，一段是：独立思想是美国学界的最高价值。美国高等教育体系以最严肃的态度反对把他人的著作或者观点化为己有——即所谓剽窃。每一个这样做的学生都将受到严厉惩罚，直至被从大学驱逐出去。另一段则是：当你准备任何类型的学术论文——包括口头发言稿、平时作业、考试论文等时，你必须明确地指出：你的文章中有哪些观点是从别人的著作或任何形式的文字材料上移入或借鉴而来的。对学生的这种要求并非是仅仅写在纸上，而是诉诸行为。有了这样严格的规定，创造性劳动的价值也就体现出来，人们也就会耐得住寂寞，通过长期的艰苦劳动，寻求创新。

应当看到，倡导创新已经引起中国政府的高度关注。早在2002年3月，国家自然科学基金委员会主任陈佳洱就提出，项目资助将以是否体现源头创新为着眼点和衡量标准。他认为，我国科技工作者正面临着种种严峻挑战，当前最重要的是如何迅速占领一批科技制高点。

为什么原创性很重要呢？这是中国发展的特定要求决定的。有人曾经这样形容：美国是原创性国家，英、法、德、日等为次原创性国家，中国是一个模仿性国家。还有人认为，知识经济时代的来临，不可避免地改变着世界各个国家在国际间的分工，也就是说有些国家将成为另外国家的知识、技能、智能和思想的提供者，而另有一些国家将根据别人提供的条件组织生产或实践别人的东西；前者属于“头脑国家”，后者则是“躯干国家”，后者所获物质利益永远低于前者，并且二者的差距会越来越大。

有人以中国人的聪明和智慧否定中国是模仿性国家，可惜现实并非如此。假如我们是原创性国家，就不存在更新发展战略的问题。恰恰因为是模仿性国家，国家发展战略才存在调整的必要。事实上，从理性的角度观察，我们在很多领域确实缺少创造性的劳动。今后，我们不能笼统地讲什么高素质人才的概念，而是应当把原创性作为首要要素。一个学者可以没有多少专著，但只要有一项原创性重大发现，只要有一篇独创性论文，都可以被当作杰出人才。只有明确提出原创性为第一要义，民族的创新性才会被大大激发，聪明才智才会得到真实展示，才能真正走到世界发展的最前列。

在强调国家战略的调整和政策机制的导向的同时，还需要对民众的道德自律作出要求。处在当今的社会情况下，出现王铭铭事件并不可怕，可怕的是人们对此类事情的认同。比如有一批学子在网上为王铭铭鸣不平，甚至有几位博士给北大领导写信，为王铭铭抱不平。诚然，不要把人一棍子打死、给一个改正的机会是必要的、合理的，但这与事实本身没有关系。这种是非不分的现象，其实才是最可怕的。

06

第六章 全球视野的中国形象

几千年来，儒家文化的影响力已经深及中国人的血液。以社会伦理为基础的中国文化进入了每一个中国人的心灵深处，进入了我们日常的生活层面，使中华文明得以生生不息地传承。

这也决定了地缘意义上的中国，它的文化血脉永远不可能被切断。

1. 为什么说一个民族最难被改变的是文化?

唯有文化传统才是深入血液，难以更易的。反过来说，文化唯有进入了大众的心灵深处，进入了生活层面，才是进入了生生不息的传承。正是这一特性决定了地缘意义上的国家可以被人为地切断，文化血脉却不可能被切断。

看一下历史，这一点便很充分地表现出来。楚文化与产生于黄土高原的秦文化有所不同，前者想象力更为丰富，这与南方的自然环境有关。秦代通过度量衡和严刑峻法治理中国，但最难改变的是文化。1975 年在湖北云梦县发现的秦代墓地，出土了大量竹简，从中可以清楚了解到秦政府统治楚地的艰难。有些竹简写到楚地习俗与秦地不同，尽管国家的法律已经完备，但地方上的人们并不遵守，而是试图延续旧习俗。这种旧习俗其实就是文化血脉延续的表现，是一种集体观念，直接影响着当地人的思想和行为。

从更深层次分析，历史一再昭示：思想的力量最终要战胜强权，文化的同化力总是可以改变野蛮。这一点可以看一下古希腊与古罗马的文化冲撞。在那个遥远的过去，古希腊的文明放射着人类智慧的光芒，自伯罗奔尼撒半岛渡过海峡走向重视功利的古罗马，表面看是思想者被强力者所征服，从长远看却是思想者把蛮力者征服。虽然古希腊人不情愿地被罗马人绑上囚车，但终究还是希腊思想的光芒影响和改变了罗马的政治与法律。再看我们国家的历史：鲜卑族、蒙古族、满族都曾挟其强力而入主中原，最终却被中原文化所征服，以至于失去了原本的自己。表面看，重精神者总是被强力者所征服，但从本质上、历史地看问题，还是思想和文化的光芒更耀眼，更具强力。

2. 用悟性领悟中华文化内涵?

中华民族文化的传承方式强调悟性。以《大学》中的几句话为例："知止而后定，定而后能静，静而后能安，安而后能虑，虑而后能得。"简单解释就是：一个人知道了要达到的至善之境界后，意志才能获得定向；有了定向后可以做到心不妄动；心不妄动，才可求得所处而安；做到了所处而安，必能处事精详；能够处事精详了，也就达到了至善的境界。"古之欲明明德于天下者，先治其国；欲治其国者，先齐其家；欲齐其家者，先修其身；欲修其身者，先正其心；欲正其心者，先诚其意；欲诚其意者，先致其知；致知在格物。"与之相一致的思想则是："物格而后知至，知至而后意诚，意诚而后心正，心正而后身修，身修而后家齐，家齐而后国治，国治而后天下平。"后两句放在一起，基本可以不需要再作更多的分析，即可明辨。

从短短的几句话中，我们可以清楚地看出中华文化内涵的丰富，而要领略这种丰富的思想内涵，必须有很强的悟性。

3. 在中国就不存在人与人的平等?

虽然政治在特定时期、特定情况下会影响乃至改变人们的文化认同，但对人影响最深刻、最持久的是文化。在中国文化认识中存在着严重的人与人之间不平等，即存在高低、贵贱之分。明代海瑞曾经讲过一句话："百姓口小，有公议不能自致于上。"在中国，由于草民意识的存在，百姓的意见难以超越等级制度达至决策层，即使达到决策层，决策者也不会在意这些意见。在今天的官员中，这种文化观念仍然有很大的市场。但我们是否可以说有了封建传统文化的影响，在中国就不存在人与人的平等？当然不是。文化有其稳定性，但文化也通过不断丰富、改造得以发展的。我们要把传统文化中的糟粕去除，就必须认识哪些是应该改造的封建文化，哪些是应予改进和强化的现代文化，在此基础上通过长期的方方面面的努力来解决问题。

4. 中国文艺界的浮躁心态会带来哪些负面影响?

文化艺术界的浮躁心态，带来的是文艺作品的肤浅化、快餐化，导致了中华民族文化难以更快地发展。几十年来值得自豪的作品并不太多，文学名著大多出自新中国成立前。除了《阿姐鼓》通过朱哲琴唱向世界，音乐领域还是《梁祝》、《二泉映月》、《春江花月夜》、《黄河大合唱》等不多的几首名曲。为什么拥有几千年文化的民族不能产生出新的影响世界的艺术？是文化走向深厚和久远后，人的心灵无法载荷，故而必然走向衰亡的缘故，还是我们的文化艺术工作者失去了方向而变得浮躁和浅薄？恐怕更主要的原因还是后者。因为浮躁和浅薄，所以不能从深层次上把握民族文化的精髓，久而久之，民族文化开始变得肤浅，甚至把几千年的中华文化简化为几条龙、几只凤、几个福字、几盏红灯笼、几场庙会……

当民族文化不能体现出厚重，就失去了风采，失去了荡气回肠的冲击力和感染力。倘若文化艺术工作者不能真正把握这一辩证法，而是简单地跟在好莱坞后面，克隆出一批批英雄美女这样没有灵魂和精神的产品，绝不可能在历史上留下任何痕迹。假如不是文艺复兴时期一扫中世纪那种司空见惯的，以再现身体为目的的雕像、画像，而是赋予其深刻的思想和精神内涵，从而使雕刻、绘画“活”了起来，那么绘画者、雕刻者、建筑者就只能继续作为市井匠人而存在，而非思想者、画家、雕刻家和建筑家，更不会以创造者的形象走入历史。一个城市要有一个魂，要有一种精神，尤其要有一种文化底蕴。当今游客走世界，多寻访文化古迹，而不是寻访摩天大楼。假如看到的是千篇一律的水泥墙、水泥林，怎么能够留住世界关注的目光？总跟在别人的后面，必然要产生一种弱势的心态，进而造成弱势的文化。它会从文化心理上动摇我们的自信，使我们在经济上屹立于世界之时，精神上、心理上并没有真正立于世界。

文化艺术界的这些现象产生误导效应，造成大众的浅薄。相关事例比比皆是，比如一个小姑娘在回答愿意选择什么类型恋人的问题时，给出的答案竟然是黑帮老大，因为黑帮老大既有钱，又有权，还刺激。这样的价值判断显然与文化艺术的误导有关。电影、电视中长期充斥帝王将相、鬼怪神灵、黑帮火并的作品，久而久之让一些青少年产生错误的价值认定，甚至影响其人生走向。文艺工作者不应忘记自己肩负的社会教化责任，更要时刻铭记古人说的“文以载道”。今天，我们认同多元的社会价值观念，但这个多元一定是建立在主流价值观得到确认的基础上，否则就会使社会走向无序，走向紊乱。

5. 如何理解保存文化比保存物质更重要?

物质的毁灭并不可怕，因为人的创造和恢复能力是无穷的，而文化的毁灭才是最可怕的。公元前 47 年，凯撒大帝攻占亚历山大城，进城后做的第一件事便是纵火。于是，亚历山大城图书馆内的 70 多万卷书付之一炬，其中包括埃及祭司马内松应托勒密一世要求用希腊文撰写的长达 30 卷的《埃及史》。这场大火带来的损失是不可弥补的，因为在印刷术产生前，许多著作靠手抄，大多是孤本。更可怕的是，到了公元 391 年，罗马皇帝狄奥多西一世颁布法令，关闭帝国境内基督教神庙之外的一切异教徒神庙。于是，建于公元前 3 世纪的保存大量古文献的塞拉皮斯神庙被焚毁，曾经逃过公元前 47 年那场大火的剩余文献终于消失。不仅如此，负责处理日常祭司事务并传授语言和文字的祭司们也作鸟兽散，生活于那块土地上的人们再也认不得纸草上的作品。传承文化的语言与文字没有了，文化也就不存在了。

真正生活于埃及那块土地上的人们，在很长时间里并不了解古埃及文化。直到 1822 年 9 月 27 日，法国的东方学学者向法国碑文与纯文学学院提交了一篇论文，同时宣布自己的发现——《致辞达西埃的信：论埃及人在纪念碑上刻希腊罗马君主姓名时，使用的标音象形文字字母表》，埃及学才由此开创。当埃及人不能传承埃及古文明，而是由其他民族的人来完成，这怎能不是切断文化血脉所带来的悲哀?!

6. 如何看儒家文化的负面影响力?

儒家文化的影响力已经融入中国人的血液。由孔孟之道，程、朱理学熏陶出来的贞节观，以及这种贞节观下产生的行为，就令西方人惊讶和不解。明代，倭寇侵扰沿海，为避免受辱而自杀的女性并非个别。到了清代第一次鸦片战争期间，为避免英国侵略军污辱而自杀的中国女性不胜枚举。据《壬寅乍浦殉难录》记载，全镇官弁妇女自杀者数以百计，许多死得十分壮烈感人。不仅妇女是这样，男人们也是念念不忘妻子的贞洁，许多人在自杀前先杀掉妻子。

从某种程度上，儒家文化抑制了民族的发展。《礼记》之“王制”中就规定：“析言破律，乱名致作，执左道以乱政，杀。作淫声、异服、奇技、奇器以疑众，杀。行伪而坚，言伪而辩、学非而博、顺非而泽以疑众，杀。假于鬼神、时日、卜筮以疑众，杀。此四诛者，不以听。”这些规定符合当时治政之需要，却同时抑制着社会的发展。比如，“作淫声、异服、奇技、奇器”者亦杀之，怎能不将中国人的创造力彻底扼杀?!

7. 如何看待中国服饰蕴藏的含义?

衣服本来只是一种御寒物，是社会化的人为之附加了新的内容。古代皇权把黄色与龙图规定为皇帝独享，这种服饰就变成了皇帝的代名词。1929 年，“中山装”成为国民政府文官就职的法定服装，它的样式包含和反映了很充分的政治内容：中山装四个口袋象征着“国之四维”（礼义廉耻）；五个扣子象征着国家形成“五权分立”（立法、行政、司法、考试、监察）的政治制度，而不同于西方的三权分立；袖口的三颗扣子象征着“三民主义”（民族、民权、民生）。除此之外，类似的例子还有很多：1930 年，上海女学生首倡“旗袍”，这种中国旗装与西装混合物随之风靡全国；1950 年，被西方记者称为“蓝蚂蚁”的“解放装”开始流行；1966 年 8 月 18 日，汇聚天安门广场接受毛泽东接见的数万“红卫兵”身着草绿色军装，让绿色成为中国服装史上最具代表性的“流行色”；1984 年 10 月 21 日，时任中共中央总书记的胡耀邦，第一次身穿西装出现在十二届三中全会主席台的中央，外电为之发出这样的评论：“西方又一次看着中国投入一场革命的改革运动”。所有这些无不说明，服装并不是一种简单的御寒物，更反映一个国家和民族的文化性格。

8. 如何评价中国的建筑艺术?

中国建筑蕴涵的文化理念是非常丰富的。人们常说“侯门深似海”，“深宅大院”，深在哪里？深在建筑格式。

中国的建筑讲究的是意境和含蓄，而非西方的直白。这种东方情调既是物质的或精神的，又不仅仅是物质或精神的；既是生理的或心理的，又不简单地表现为心理或生理的。心理和生理与物质和精神的杂合，形成了一种模糊不清的“暧昧”与“灰”的境界。浸淫在这样的建筑环境中，必然形成中国人特有的行为方式和心理特点。

任何一种建筑模式的产生与发展，都必然反映这个民族的文化特征与人文追求。具体来说，中国的建筑结构特别强调平衡与对称，无论是北京的故宫还是曲阜的孔庙，这种皇家或近乎皇家的建筑都是这样。至于山西祁县的民居——乔家大院等民间建筑，也同样突出表现出这一特点。这些都可以从文化中找到渊源。《唐律名例疏议释义》中说：“中华者，中国也。亲被王教，自属中国，衣冠威仪，习俗孝悌，居身礼义，故谓中华。”宋代石介则在《中国论》中称：“天处乎上，地处乎下，居天下之中者曰中国。”可以说，中的空间意识与文化意识，深深地印于中华民族的心灵深处。孔孟儒学由此发挥形成的“中庸”思想和“中和”理念，更把这些意识固化下来。所以说，中国建筑的布局结构，实质上是整个民族对于中国观的文化认同。

中华建筑的另一特点是与自然环境的亲和，这是以中华文化强调的“天人合一”的思想理念为基础。这一点，既体现在中国庭院建筑或园林建筑中，也体现在佛寺道观的建筑中。从某种程度上说，中国所有的园林式建筑都特别强调楼阁亭榭的结合，努力构建人与自然的和谐。建于名山大川中的佛寺道观更是如此。我国四大佛教圣地——山西五台山、四川峨眉山、安徽九华山和浙江普陀山的建筑，皆建于山势峻逸、风景秀美之处。所谓灵隐佛地、岳麓古刹、南岳禅林、江涌金山，所谓泰山的碧霞祠直上云中，四川的“青城天下幽”，都是建筑与自然的“二重奏”。对于这种建筑与自然的和谐，历代文人墨客都有咏叹。东晋郭璞咏叹：“云生梁栋间，风出窗户里。”唐代王维咏叹：“隔窗云雾生衣上，卷幔山泉入境中。”杜甫咏叹：“暗水流花径，春星带草堂。”“白波吹粉壁，青嶂插雕梁。”南宋陆游咏叹：“江山重复争供眼，风雨纵横乱入楼。”所有这些千古名句，都把建筑与自然的和谐描绘得淋漓尽致。

我们在生活中稍加注意，就可以发现，不管在大院中，还是在山顶上，中国人习惯于建造一个小亭子。如果从实用的角度来看，亭子意义不大，然而从文化与美学意义上看，情况就大为不同。画家倪云林每画山水，多置空亭，留下“亭下不逢人，夕阳澹秋影”的名句。张宣则为倪云林画作《溪亭山色图》题诗：“石滑岩前雨，泉香树杪风。江山无限景，都聚一亭中。”苏东坡在《涵虚亭》中也说过：“惟有此亭无一物，坐观万景得全天。”

既然“天人合一”的文化理念已经深入到民族的灵魂，建筑受其影响也就成为自然的事情了；既成的建筑结构久而久之，反过来强化人们的文化理念。这是合乎逻辑的事情。

9. 东西方宗教建筑的差异是什么?

同样是宗教场所，中国和西方的建筑截然不同。西方的宗教场所基本上都是独立建筑，即使是建筑群也不是连在一起的，而中国的宗教建筑更多的是一片、一群建筑。

这种区别与文化有很大关系与宗教理念亦有很大关系。以隋、唐长安城为例，其建筑高度的规定是皇宫最高，政府机构次之，寺观官僚住宅又次之，民宅则最低。大雁塔和小雁塔虽然很高，却是塔而非寺观，不过是为了存放圣物。西方则不同，最堂皇的建筑是教堂，最高的也是教堂。在古埃及，皇宫用尼罗河河泥制砖建造，而教堂及教皇死后的墓室却一定用石料。

或许是由于建筑材料的制约，加上民族文化性格的原因，中华民族历史上许多引以为豪的建筑后来都消失了，仅存在于我们的概念之中。比如隋、唐时的长安城由太极宫与广场所构成的宏伟景象，着实令人感叹。这个隋代和初唐举行重大政治活动的广场，面积超过中世纪欧洲的许多著名广场，包括古罗马恺撒广场、奥古斯都广场、图拉真广场，就连意大利文艺复兴时期的罗马市政广场、圣马克广场、法国的协和广场也难以相比。

10. 在道德表现形式上，中国与西方的区别是什么？

在道德表现形式上，中国与西方区别很大。一个13岁的中国女孩到澳大利亚留学，第一节课时，老师给每一位女生发了一个避孕套，并且建议女孩随身带一个避孕套。老师还说："澳大利亚是一个安全的国家，但不等于没有意外。万一遭到强暴，使用避孕套至少有3个作用：第一，你不会怀孕；第二，你不会染上性病、艾滋病；第三，也是最重要的，那就是无论出现什么意外与不幸，请记住，保护自己最重要，生命最重要。"一位英国人看到中国报纸上刊出某位被强奸女子跳楼自杀的消息，感到不可理解："强奸犯都没有杀她，为什么要跳楼自杀呢?"这两件事反映出的就是西方人与我们在道德观念上的区别。

我们的传统道德一直突出的是"宁为玉碎，不为瓦全"，讲究的是道德的绝对化，最终把道德推到超越生命的程度，道德也就成为统治一切的核心。在西方人看来，人的生命是最为宝贵的，道德是依附于生命之上的一切行为规范，道德规范都以人为核心。比较起来，中国人包括生命在内都要让位于某种理念。

11. 中国商业为什么没有像西方那样发展起来?

中国人的聪明是不容置疑的。山西祁县乔家大院及乔家的发展史，鲜明地印证着这一点。乔家的创始人之一乔贵发，做期货生意比西方早了几十年，但是中国的商业却没有像西方那样发展起来。这不是民族的聪明度决定的，而是与我们的文化特征和社会发展特征相联系。对于发展商业而言，不患寡而患不均的思想一直在起着负面的作用，何言资本积累?

历史上的朝代更替，都是打着“杀富济贫”的旗号，杀富济贫的“义士”也容易得到民众的认同。当太平天国把经商宣布为非法后，其军队所到之处“商贾流离”、“城内店铺亦歇，相继逃散”。试想，当农业社会一再对商业加以抑制，当传统道德始终认为商业行为必然会冲击民众的纯朴和丑化社会，商人的地位也就可想而知。所有这些，都先天地决定了商业不可能在这块土地上发展起来。

由此可见，共同富裕的社会理想，作为目标可以，作为过程或阶段的全部未必可行，搞不好会抑制社会的发展，尤其是在人们的文明程度、精神境界尚未达到应有水平之时。让一部分人先富起来，进而带动所有的人富起来是正确的抉择，只是不应当以牺牲公平为代价而已。

12. 中西方的道德典型宣扬有什么不同之处?

在道德典型的宣扬方面，我们比西方经验更丰富，因为我们是按照儒家理念治国，或者说是一个以德治国的国家。以德治国必然要求不断地树立道德典型，借以明确主流社会倡导的价值观。新中国成立之后，更重视理想信念的力量，坚持以道德为本，因而也多从政治理念上树立典型，包括雷锋在内的一大批英雄人物，成为民族景仰学习的标杆。但是，我们也出现过道德问题非道德化、非道德问题道德化的倾向，使道德典型的宣传难以达到应有的效果。这实际上是把什么样的人作为先进典型加以宣传的问题。

美国一家从事市场研究和咨询的公司“哈里斯互动”与《美国新闻与世界报道》合作，以“谁是你心目中的英雄”为题，对1022名美国人进行了民意测验，最后发布了一份“美国英雄谱”，充分反映了当今美国人的英雄观。英雄的五条标准是：他们的贡献超越了自己的职责；他们在压力下能够英明决断；他们置生命、财富和荣誉于不顾；他们在一项美好事业中名列前茅；他们超越了自我。能够合乎这五条的前十名，首推为了拯救万民于水火而受苦受难，最后被钉死在十字架上的耶稣；其次是黑人民权领袖马丁·路德·金，尽管37岁就遇刺身亡，但他的《我有一个梦想》感动了数不清的美国人；再次是科林·鲍威尔，这位牙买加移民的后裔，曾经在越战期间冒死把他的上司和两名士兵拖出飞机残骸，并因此获紫心勋章，成了美国家喻户晓的“英雄”，1991 年在“沙漠风暴”中又是名声大振；除此以外，还有约翰·肯尼迪、特丽莎修女、罗纳德·里根、亚伯拉罕·林肯、约翰·韦思（影星）、迈克尔·乔丹、比尔·克林顿等等，都是以自己的一言一行影响了社会，产生了超越自我的作用。

假如我们社会也要确立英雄与道德典范的标准，有三条值得关注：一是超越自我，使自己的社会贡献超越了普通人；二是道德境界高尚，主动承担了大量职责范围外的应由社会承担的责任；三是行为美好，以坚韧顽强的品格和持久不懈的努力，展示了人类最积极、最美好的内涵，因此而影响了社会和大众。然而，我们现在宣扬的常常是拒贿的廉政典型、不卖假货的诚信商店、热情服务的售票员、不造豆腐渣工程的项目经理，把应该做的视作超越性发挥，这种道德扭曲对社会大众的道德提升没有益处。

13. 如何评价中国人与西方人的敬业意识与人才选拔方式?

普遍而言，中国人的敬业精神相对较弱，主要是由文化传统造成的。等级观念是我们民族文化传统的重要特征，造就了一个人永远以更高的地位为价值标准。从事基础性工作者，不管其能力大小，总是鄙视自己现在从事的工作，同时羡慕更高的职位。这种身在曹营心在汉的心态决定着他们不会安心于现状。当大众都是以这种心态和行为从事社会工作时，也就不会造就出职业意识、敬业精神很强的民族。

与西方的人才选拔方式相比，我们在选人用人上缺乏科学标准，包括备受推崇的科举制度。科举制度主要考的是应考者写文章的水平，写得好便认定你有才，就可以当官。这当然要比世袭制等方式要好得多，毕竟给了世人以施展的舞台。然而，这种制度也导致主考官的好恶决定着考生的命运。到今天，我们的考试方式仍然存在着相似的问题。西方选拔人才时，更喜欢测试人的智商，包括用 IQ 试题检测一个人的思维、想象、推理和创造能力，从而让人的能力被全面发现和激活。这一点我们应该借鉴。

14. 中西方人际关系处理存在哪些差异?

每个民族都有其特定的发展道路，人际关系也与其文化特点、民族心理及传统习惯有关，因而中西方的人际关系哪个更优越，无法判断。但是，不能轻易作出价值判断，并不意味着不可以作出某种程度上的分析。

建立于封建文化传统基础上的人际关系与社会关系，给人造成极大的心理压力，裙带关系、人身依附关系、人情代替原则等，往往使人的心理变澄明为灰暗，变简洁为复杂，难以轻松起来。从这个意义上判断，每个中国人都生活得很辛苦，包括所谓的手握重权者。因为总是要考虑自己的某一行为是否符合决定自己命运的某个人的喜好时，就不可能轻松，不可能不患得患失。

在这一点上，西方人的人际关系、社会关系相对简洁，使人轻松愉快。曾有一篇介绍美国人行为特点与社交特点的文章，讲到一位公司副总裁接待加州税务官的故事。女税务官来到公司后，没有寒暄，就开始工作，一直板着面孔。到了中午时，副总裁问税务官可否共进午餐，她一口答应，而且在餐桌上与公司的副总裁聊起来，全没有工作时的刻板，把工作与生活区分得很清楚。吃完饭，女税务官坚持结自己的账。她说："我很乐意跟你们一起吃饭，但一定要自己付钱，这是规定。如果收纳税人的礼或是吃纳税人的饭，就要丢掉饭碗。"

人际关系可以影响到一个人更深层的理念与行为方式，甚至影响到民族与国家的发展方向与发展特点。现实生活中，我们在具体事物上附加了太多无谓的意义和象征，事物的产生和发展往往被扭曲和被改造，最终的结果时常和初衷南辕北辙。我们制定的许多规则制度、倡导的理念、喊出的口号和撰写的著作，不会太久就给人以过时的感觉，原因何在？就在于我们不是着眼事物本有的规律或本质性，这样产生的结果怎么会具有持久性？有鉴于此，我们在保持人性化的基础上，确实需要把附加的过多的无用的东西抛弃掉，这对中国人的心理与社会发展、民族完善大有好处。

07

第七章

寻找我们的幸福之路

在整个人生过程中，我们应当把握这样两个准则，一是幸福的标准应当定位在主客观的和谐统一上，二是体验的过程不应建立于非理性的基础之上。只有把过程中的努力作为幸福的源泉，才会获得持久的幸福感。

当一个人回头来看自己走过的人生道路时，当发现现有的存在比起原本的状况有别时，就一定会产生由衷的幸福与价值感。

1. 我们每天辛勤劳动到底在追求什么？

要回答这个问题，可以首先从一个小故事讲起。相传乾隆下江南的时候，有一天来到江苏镇江的金山寺，看到江中来来往往、川流不息的船只，感慨万千，就问旁边的一位老和尚，“你在这里住了几十年，该看到多少来来往往的船只呢？”老和尚伸出两个指头：“我只看到两只船，一只是名，一只是利。”人生在世，每个人都需要面对名和利。有了名和利是否一定会获得幸福？不一定。

关于金钱与幸福的关系，我们可以看一个古代的故事。相传，在一个村子里，两户人家隔墙而居，一户是大财主，一户是穷夫妻。大财主每隔一段时间总要把挣的钱拿出来数一数，每当数钱的时候总是唉声叹气。有一次大财主的妻子说，我们赚了这么多的钱，还这么痛苦，而隔壁住的穷夫妻，每天做豆腐来卖，早出晚归，为什么总是笑声不断？大财主说：“你想不想让他们不快乐？”说完，他抓起一个金元宝扔过墙去。第二天，穷夫妻起床后，发现天上掉下了元宝，不胜欢喜，豆腐也不做了，开始商量如何使用这笔钱，更希望第二天天上再掉下一个元宝。在幻想与等待中他们丧失了追求与创造的乐趣，从此笑声没有了。这难道不是金钱与幸福的变异？

难道不能说明有了钱未必一定获得幸福吗?

关于名与幸福的关系，我们可以看一个当今的真人真事。1997年出家的歌星李娜，是如何认定名与幸福的关系呢?媒体报道说，有一次，相声演员姜昆到美国看望修行中的李娜，并带去了她当年演出的剧照。李娜一张一张地向母亲介绍过后，又把这些剧照还给姜昆。她说:“以前的我并不快乐，生活看似很丰富，可没有什么内涵。唱歌、跳舞，成为媒体跟踪的对象。这几乎是我生活的全部内容……不知不觉，身不由己地进入了名利的追逐之中。每当独自一人时，就情不自禁地思考:难道一生就这样下去?自己表演，也演给别人看，欢乐不是自己的，而自己的痛苦还要掩饰，戴着面具生活，永远也不能面对真实的自己……现在我把尘世的烦恼和过去名利场上的经历、成绩、荣誉、教训全部抛诸脑后，寻找原本蕴藏在我们每个人心灵深处的那么一种清静的觉醒，那么一种安宁的本性的冲动，然后潜下心来，慢慢领会自然与人类与生俱来的和谐与真谛。”从这段心灵的自白中，我们是否可以认识到，一个人有了名并不一定获得幸福?

既然人离不开名和利，有了名和利又不一定获得幸福，那么人生究竟应当追求什么?换言之，追求什么才能保证我们创造一个美好的人生，保证不断获得幸福感?关于这一问题，古人总结为人生有“三不朽”:立德、立功、立言(出自《左传·襄公二十四年》:“太上有立德，其次有立功，其次有立言，虽久不废，此之谓不朽”)。立德，是德行高尚，为世人所景仰;立功，是贡献社会可以荫泽世人，造福后代;立言，是思想可以给人指点迷津。

作为普通人，很难做到此“三不朽”，但一个人只要活着，总在以不同方式影响着周围的人，不管是积极的还是消极的。不仅如此，生活于当今世界的人，都希望获得更高的精神享受，但在境界尚未得到升华前，更高的精神享受不会到来。诚然，人不可能总在崇高的氛围中生活，却必须有追求崇高的内在动力，唯有这样，才能保证精神境界的提升。因此，社会中的每一个人都应向“三不朽”的方向努力。既然如此，我们应当从哪里开始努力呢？正如古人所说：“修身、齐家、治国、平天下。”既然治国也是从修身做起，这无疑说明一个人活在世上，修养身心是多么的重要。

2. 何谓真正的幸福？

表面看，有了钱，有了权，有了名，就可以获得幸福。那么，拥有这些东西是否可以真正获得幸福？不可否认，钱、权、名从一般意义来说可以带来一定程度上的幸福感，但如果一个人的所有着眼点都基于此，幸福的面就窄了，层次就浅了。假若这是幸福的全部，那么贫困者家庭中的欢乐就无从解释。同样，如果说富有就是幸福的全部内涵，那么富有者面对外部的压力时，往往是想建立或固守着什么，以换得安全感，进而求得长久。古往今来，仅仅从许多富人总是高筑墙这一现象来看，就不能说他们比穷人更洒脱，获得的幸福感更多。由此推广开去，正确地认识和体会幸福的内涵，比刻意追求某一具体目标更重要。否则，即使你已经拥有了幸福，也未必能够善待之，更谈不上享受之、持久之。在整个人生过程中，我们应当把握以下两点：一个是幸福的标准应当定位在主客观的和谐统一上，另一个是自己的体验过程不应建立于非理性的、扭曲了的基础之上。有了这两点，就会产生更强烈持久的幸福感。

最强烈的幸福感必然是从结果中来，理想目标经过艰苦的努力后一朝实现，那种由衷的幸福感无以复加。与此同时，我们也必须认识到过程与结果的辩证关系。不重人生的结果，不在意社会建立的普遍的价值准则与价值判断，必然会导致虚无。但是，如果过于注重结果，往往难逃功利主义的陷阱，结果带来的幸福是短暂的，因为人的特性决定了在一个目标实现后还会有新的目标产生出来，人直到离开这个世界时，仍然会有一个愿望或目标没有实现。既然如此，如果我们看重的只是结果而非过程，就不可能得到持久的幸福。只有把过程中的努力作为幸福的源泉，才会获得持久的幸福感。

3. 社会价值与幸福感有什么关系?

社会价值与幸福是相辅相成的关系。如果一个人把自己的幸福建立于他人的幸福之上，他就会很重视社会价值的实现，就会很重视帮助困难的和需要帮助的人，并且通过帮助别人、成就别人来成就自己，进而获得幸福感。简言之，成功与幸福最终在于：当你回头来看自己走过的人生道路，清楚地看到超越后，就一定会产生由衷的幸福与价值感。

今天富裕起来的人们为什么很难体验到贫穷时期的幸福感？这主要源自当一个人正处于超越过程或获得超越后，两种状态下的心里感觉是不同的。也就是说，处于贫穷状态下的人，虽然物质生活清苦，但由于没有占有大量物质财富后的复杂心态，所以可以从亲情、从艰难中收获幸福感，这时的幸福是建立于社会状态与心理感受相吻合的基础之上。当人们超越这个阶段取得一定成就后，其生活节奏、关注与着眼的问题就改变了，亲情感显得淡漠，物质追求也不再是稍得即安。假如这时的心理、心境与精神状态没有得到飞跃式的提升，难免产生迷茫的感觉。如何解决这一问题？重要的是反思自己，进而重新构建人生目标和人生追求，同时修养一个成熟的道德价值观，只有这样才会重新找回失去的幸福感。

4. 在浮躁的社会里，如何培养自己的幸福感？

平和的心境，可以使人更好地思考和感悟人生的本质，进而确立正确的奋斗目标和价值取向。浮躁的心态往往使人流于肤浅，结果亦将一事无成。

人们生活于一个真实的社会中，很难做到无功利，也没有必要无功利，全无功利就是看破红尘。问题是追求功利要有一个度，尤其不能任由功利心牵着走，最终迷失方向，扭曲自我。愚者之所以有愚者之判断，思想浅薄者之所以有浅薄者之行为，更多情况下是过度的功利思想造成心智迷失，是浮躁心态导致判断失误。一个人决不应该因功利心而丧失了洞察力和战略思维。比如在全民经商的那些年，许多人也知道自己不是经商的料，但在大众价值取向的裹挟下，在一种浓郁氛围的感染和影响下，人人都在做着百万富翁的梦，那种热情和欲望至今令人感到好笑。试想，流于浮躁，陶醉于幻想中，如何还会产生深刻的判断力和把握能力？

要保证心态能够自我调节，心理达到自我平衡，必须对人生规律有正确的把握。人的一生不总是走在宽阔而又平坦的大路上，总会有这样或那样的困难、挫折。因而，我们要努力做到宠辱不惊，要培养良好的心理素质和坚韧顽强的品格，保证在任何情况下都不被挫折击倒。

吃苦、受挫与最终的成功不是相伴而生的，而是互为因果，正所谓不吃苦无以成大器。人不总是走在平坦的大路上，吃苦可以丰富人生。一个人在最困难的时候，在心灵在备受煎熬的时候，都不要失去希望，不要放弃奋斗目标。许多情况下，人们不是被问题本身击垮了，而是被精神击垮了；不是机会没有了，而是心中那盏指引机会的希望之灯熄灭了，这使一些本应得到的机会付诸流水。一个人要走在坚实的人生道路上，必须对挫折和磨难乃至生存环境有一个准确的客观判断。换言之，当一个人遭遇挫折时，不管这个挫折有多大，要坚信困难总会过去。其实，当一个人走过人生某个阶段，回过头来想一想时，甚至还会为当时天塌地陷的感觉或寻死觅活的行为感到好笑和羞愧。从根本上说，在人的一生中，真正的大事并不是很多，不可逾越的障碍更不会有，我们只要持有一种积极的心态，就不会被困难和挫折击倒。古人总结，“天下本无事，庸人自扰之”，道理即在于此。

5. 为什么说帮助别人就是帮助自己?

帮助别人也是帮助自己，一个人只有努力承担起帮助其他困难者的社会责任，在自己遇到困难时才会有人主动承担起帮助你的责任。要坚信这一点：我们做的有益于社会和他人的事情，必会得到社会的认同。

所有帮助他人的行为都是奉献和付出，是利他的；透过现象看本质，这种行为也是利己的。一位行僧向禅师寻求人际关系之道，禅师带他下了地狱，在那里看到一个景象：每个饿鬼面前都有一盘美味佳肴，但由于勺子有一米多长，故而无法吃到嘴里，饿得嗷嗷直叫。然后禅师又引行僧到了天堂，看到条件相同，但与前者最大的区别是大家都盛起食物送到别人的嘴里，由于人人都这么做，结果人人都吃上了食物。极端的个人主义，到头来受害的是我们自己。

彻底的和绝对的奉献是没有的，所有的奉献都是为了得到。有人奉献财物是为了得到更多财物的享有，有人奉献财物是为了得到精神上的享受。也正是因为目的不同，反映出人格与精神境界的高下。万事万物都需要平衡，一个人总付出而没有收获不会持久，付出了金钱就会得到精神上的享受和前进的动力。可以说，社会生活中的人际关系，看起来很难处理，其实并不难，关键是能否先放弃一些东西，或者欲取先予。

从个人修养的层面而言，帮助别人和损害别人，心理感受是不同的，前者颐养身心，后者是污浊精神。一个人只有通过帮助别人，才能使心灵得到净化，使精神境界得到升华。换言之，一个人只有拥有了美好的心灵，才会感受到社会的美好和人生的意义与价值；一个人只有不断地做一些有益于他人的事情，其修养才会不断提升。一个人一生所追求的不过是满足个人的欲望和享受，大众或周围的人并没有因为自己的存在而使境遇有些许改善，就不能算是一个有价值的人生。同时，不能通过成就他人而得到心灵的净化和精神境界的提升，就不能称之为丰富而又完整的人生。毕竟人不是仅具有动物本能的自然的人，而是赋予了群体内涵的社会人。

每一个人都希望能体验到更高的精神享受。但是，在精神境界尚未进入更高层次之前，更深切、更美好的体验不会到来。既然更高的精神享受是人生的基本追求，那么就需要去帮助别人，进而享受到人生的美好。我们总是讲真、善、美，实际上，真不仅是真理，还应是真挚的感情；善不仅是良好，还应是善心和善行；美不仅是一种外在的表现，还应是内在的外化，是美的心灵与美的行为。只有做到真、善、美的统一，才能成就一个大写的社会的人。

6. 为什么说追求美是提升思想境界的基本动力？

实践证明，一个不懂审美的人，不是一个完善的人。一个不能创造和爱护美的民族，不算进入了文明时代。人很难把自己的一切都变成美的，但一定要把追求美作为一种积极的力量，作为一种提升自己思想境界的基本动力。有了对美的追求，就一定会产生改造现实的动力。二战刚刚结束，两位学者站在柏林的废墟上进行了一次对话。“你认为这个民族还能从废墟上站起来吗?”“肯定能!”“你为什么如此肯定?”“刚才你有没有看到地下室中有一束鲜花?一个国家、一个民族到了如此艰难的程度，仍然不放弃对美的追求，就一定会再次站立起来。”事实证明，正因为这个民族一直存在着对美的不懈追求，因而不仅从废墟上站起来，并且成为今日世界之经济大国。

《世说新语》中载：魏武将见匈奴使，自以形陋，不足雄远国，使崔季珪代，帝自捉刀立床头。既毕，令间谍问曰：“魏王何如?”匈奴使答曰：“魏王雅望非常，然床头捉刀人，此乃英雄也!”可见，内涵对美化人的外部形象很重要。也就是说，只有内在才是最持久，最具有影响力的，因而也是掩饰不住的。一个流浪汉一夜暴富，腰包是鼓了，气质却如何都“富”起不来；一个大学问家即使流浪街头，仍然会有抑制不住的底蕴和内涵反映出来。

7. 如何评价当代青年?

中华民族创新能力弱的一个很重要的原因，便是在对待青年方面存在误区。常言道“嘴上无毛，办事不牢”，却恰恰忽略了青年人的活力、精力、创新欲望完全可以弥补他们的弱点，这是老年人所不能比拟的。如今的计算机领域和其他高科技领域，几乎都是青年人的天下。敢于使用青年，体现了一个民族的胆识，也是一个民族的希望。真正伟大的创造力的产生，需要将所有青年的创造力激发出来。

否定青年的思维方式是错误的，但是青年确实需要更深厚的底蕴。当年辜鸿铭梳着小辫子走进北大课堂，学生们哄堂大笑。辜鸿鸣对着这些大笑的学子们说："我头上的辫子是有形的，你们心中的辫子却是无形的。"闻得此言，狂傲的北大学生一片静默。有人说，如果今天再出现如此之情况，恐怕不会有几人的心灵干净到能用静默来表达自己的清醒。当前青年中存在的致命伤是浮躁，是急功近利。虽然其中有个别人借助时代的机遇可能爆发式成长起来，最终也不会长久，因为底蕴不济，缺少深厚的精神、修养与造诣作支撑。

初入社会，青年人大多缺乏务实扎实的精神，更多的是幻想。许多年轻人经常强调自己想干什么，恰恰忘记了应当先问一下自己能干什么。不以自己的才能为基础，这样的目标追求必然是虚幻的。还有许多青年太看重人际关系，以至于把人际关系的重要性看得大于自身能力，这也是陷入了人生的误区。当然，中国社会已经形成了人际关系重要的传统习惯，但随着时代的发展，每个单位都将会更为看重人才。这种情况下，如果一个青年人把着眼点总是放到照顾关系上，最终肯定要被淘汰。随着时代的发展，一些不适宜、落后的传统必将被改变，这是当代青年必须清醒认识到的问题。谁真正发自内心认同了这一点，谁就不会轻易被社会淘汰。

8. 青年人应怎样抓住当下的机会？

作为青年人，要在竞争日趋激烈的当今社会获得突破，必须清楚地认识到，所有机会都不会像探囊取物那样容易。换言之，每一个人要想在大众中脱颖而出，必须务实求真，从基础做起，必须严谨执著，尤其要做到由敬业到专业，进而达到乐业的境界。

何谓严谨执著与务实求真？我们可以从多年前媒体的报道说起。德国技术员在大兴安岭植树，不能容忍行距、株距差几厘米；日本人在河边钉木桩，总要以一根木桩作标准，不允许出现任何误差。相比起来，我们很多人的习惯观念是差不多就行了。

缺乏严谨的态度不仅影响成就事业的水准，同时也影响着一个人的价值观念。当代青年人一定要清楚地看到，市场经济的进一步发展，必然给人们提供许多成就事业的机会，但面对许多极富魅力的职位，还需要有一种务实、求真和严谨的心态。最好的未必是适合自己的，适合自己的才是最好的，如果我们不能务实求真，总处在浮躁之中，总是好高骛远，将一事无成。就像两只画眉鸟，一只在树林里自由飞翔，另一只在笼中非常安逸。有一天，两只画眉基于对对方生活方式的羡慕，互换了位置。时间不长，两只鸟都死了。一个死于失去自由后的闷闷不乐，另一个死于靠自己觅食后的力不能及。这个故事虽然简单，蕴涵的道理却不简单。相当长一段时间里，媒体一直热炒比尔·盖茨，热炒香港盈动数码的李泽楷，进一步刺激着青年人的浮躁心态，使他们忘记了社会中的许多事情具有不可复制性。太阳和月亮永远是有定数的，只有星星才是无数的，生活于平凡中的普通人是社会中的大多数。这不是不让人们去追求更加美好的未来，而是要求沉下去弄清人生的规律、社会发展的规律。

在人生的道路上，要有做老板的目标，但还应有当好打工者的心态；要有当将军的目标，但还应有当好士兵的心态。很多青年人很难正确评估自己，不愿意踏踏实实做一个被领导者。为什么有人说“十个中国人在美国开十个小餐馆，十个日本人在美国开一个大连锁店”，原因即在于此。想当统帅可以理解，如果游戏规则确定的是统帅多于士兵那再好不过了，可惜士兵永远要远远多于统帅。

不能做到务实求真，总是生活在浮躁中，不可能有大的成就。人人都爱幻想，看到别人日进斗金，自己树立一个类似的目标，明知无法实现，还不切实际地坚持下去，这是人性的误区和盲区。一个人总想天上掉馅饼，那只会害了自己。

一个人要求得大众和社会的接受，必须使自己的才能和成就有所超越。有这样一个小故事，一个青年想自杀，恰好被一过路人救了。过路人问他为什么自杀。青年说自己怀才不遇，没有人接受。听了青年的诉说，过路人捡起一粒沙子扔到地上，请青年从遍地沙子中找出来。看到青年为难地摇头，过路人便又从身上掏出一枚珍珠扔到地上，请青年捡起来。青年说这还用做吗？太简单了。过路人说：“为什么前者难？难在普通，大家都一样，你凭什么让别人青睐你？若你的才能很出众，又怎能被埋没？”青年大悟。一个人不能总埋怨社会的不公，还应当想一想自己做得怎样，是否做到了足以让别人垂青。

一个青年人若想成熟起来，必须超越自我，必须严谨执著。超越自我和严谨执著不能依靠激情，激情往往不能长久，而更应依靠信念和信仰。

9. 感恩之心为什么如此重要？

一个人有了对父母养育之恩的理解，有了对朋友、师长、社会帮助之恩的感激，在工作生活过程中，就不会一切以自己的利益为中心，境界自然会高尚起来。假如任何事情都是以自己的利益为着眼点，不考虑别人的需要和感受，不仅很难为他人所接受，也会使整个社会变得越来越丑恶，因而也就无法感受人生之美。相反，一个人能够认识到自己的存在与发展离不开多方面的帮助，就必然会尽心回报，以此理念指导行为，必会塑造出良好的形象，进而为社会所接受，同时使自己的人生得以确立。

那么，感恩之心是如何表现的呢？犹太教的经典著作《塔木德》中记载了一个具有说服力的故事：一位旅行者看到一位老人在种角豆树，就问："什么时候才能吃到这棵树上结的果实？"老人回答："70 年之后。""你能够活到那个时候吗？"老人又说："我来到这个世界时，它并不是一片荒漠，因此，我是在为后来的人种树。"

10. 人与人之间的关爱不尽如人意，其原因何在?

反观一下我们民族的发展史，从某种角度可得出这样一个认识：我们这个民族似乎缺少大众间的宽容、理解、爱护和互助。比如，有些政治运动或政治斗争，很多普通民众未必真正懂得其内涵，然而却自觉不自觉地跟着卷了进去，并且一旦进去后，原有的善良都没有了，剩下的唯有暴戾。

之所以如此，究其原因，除了政治环境改变了人之外，主要是文化的影响。我们是一个资源相对贫乏的国家，与之伴随的文化影响便是博爱和宽容的缺乏。尤其是，我们的文化并没有给宗教以足够的空间，由此不能更有效地张扬善与道德。有人或许认为，儒教也是教，几千年来中国人都生活于儒教的思想之下，怎能说宗教缺少活动空间呢？虽然儒教也是教，但儒教由于强调的是入世，是解决现实功利问题，这便抑制了人类灵魂找到最终归宿。如此下来，人与人之间便少了宽容，一旦提供适宜的土壤和气候，每个人都可能变成充满暴戾的人。一个不知灵魂最终归宿的人是十分可怕，也是十分可怜的。

11. 一个人如何做到适应社会?

一个人若想在任何情况下都适应社会，关键是认同社会是由不同结构、不同层次、不同类型的人组成的，每个人所处的位置与承担的角色也是不同的。天上需要太阳和月亮，同时也需要星星，仅有太阳和月亮难免单调和孤寂，只有配合上星星，才构成灿烂的天空，才会变得丰富亮丽而有层次。正是因为有了星星的衬托，太阳和月亮才显得更具光彩。社会也是这样，由芸芸众生构成的人群，不管是过程判断还是结果判断，必定相互有所不同。有人辉煌，有人平淡，有人在辉煌中激越一生，有人在平淡中恬静一生，辉煌者展示的是亮丽，平淡者透出的未必不是恬淡之美。虽然人人都希望自己的人生变得辉煌，但在平淡与平静中走完人生者更多。其实，辉煌也好，平淡也罢，都仅是一种形式，最重要的是保持人的本质与内心的美好，唯此才能保证不被异化。一个人心灵圣洁了，明净了，才会享受到更多的人生之美。

12. 如何看待当代大学生的价值取向?

社会道德价值观存在五个层次：弘扬的、要求的、允许的、抑制的和取缔的。大学生的价值取向应放到整个价值系统中分析。

有人说，大学生的价值观几乎代表中国的精神走向，因而社会对他们的观念变化看得很重，一有声响，随之而动。但当中国的大学教育已经由精英教育进入大众教育后，再拿大学生说事，就没有很大的必要，尽管他们仍然代表着中国的未来。目前每年大学毕业生达600多万，在大学生已经由白领进军蓝领，大批人成为“蚁族”的情况下，我们就应当将他们视作普通群众。

既然是普通群众，在道德要求和精神境界上便不应赋予其更多的历史与社会责任。诚然，我们期望全中国的每一个人都拥有更高的精神境界，因为中国正崛起于世界，而大国崛起于文明，一个国家只有立身于人类文明的制高点，才敢言真正的崛起，因此没有更高境界的国民的支持是无法崛起的。

在现阶段和现实状态下，对普通大众期望值不能过高，对人的物质与精神追求要作出科学界定，特别是不要把利益需要和追求金钱一味地看得丑陋，因为物质利益原本就是人的最基本的价值追求。马克思说过：“人们奋斗所争取的一切都同他们的利益有关。”邓小平更是强调：“不讲多劳多得，不重视物质利益，对少数先进分子可以，对广大群众一段时间可以，长期不行。”当今时代，真正跳出金钱物欲的人不会多，也不可能多。

实际上，我们有许多人在试图告诉别人如何道德的时候，我们在批评青年的时候，却不知自己并不像自己要求和标榜的那么完美，或者说我们在批评大学生爱钱的同时，自己也有着对金钱的强烈渴求，如此批判会不会让自己陷入尴尬的境地呢?

从批评者采用的标准来看，很多人都是以过去的某个年代作为参照系，抑或以人类或中国人的再进步、再提高后的精神境界和价值观作为参照系，由此得出今天的青年是垮掉的一代的结论。其实这种情况在西方国家也发生过。比如美国人在上个世纪的五六十年代，就曾将二战后出生的“新生代”视为垮掉的一代，结果美国并没有垮掉，并且成为支撑美国前进的一代。较长一段时间以来，我们评说80后、90后，为其担忧，予其批判，而经过了汶川地震、北京奥运会，我们才逐渐认识到他们是大有希望的一代。

人类发展史早已证明，我们既不能把今天拉回到过去的某个时代，也不能将过去的某个时代复制到今天，就像人们高度评价古希腊文明，但人类不可能再回到古希腊的城邦制一样。我们只能在当代的社会条件与当代青年的价值观中寻找需要研究和思考的主题，标准和参照物只能是现实。以这样的观点和角度来评价当代大学生其及所代表的当代青年的价值取向，才不至过于偏颇。

13. 什么可以让我们变得心胸宽广？

人的广阔的心胸，往往体现在人际交往上，体现在对待他人的批评上，也体现在对一些事物的认定和评价上。

波斯诗人萨迪说过："不论你是一个男子，还是一个女子，待人温和宽厚才配得上人的名称。"唯一能终止痛苦记忆的力量是宽容。不再沉湎于过去的碰撞，避免怨恨和消极情绪的产生，对自己的身心极有好处。一个苛求别人的人，心理往往处于高度紧张状态，进而带来诸多心理不适。人只要与他人交往，就免不了碰撞，如果相互间在非原则问题上能够妥协和宽容他人，许多问题和矛盾就不会激化到不可收拾的地步。我以为，社会进步是大众共同努力的结果，而社会和谐则是大众相互容忍、相互妥协的结果，正所谓我容人，人才容我。人与人之间的矛盾及其产生于心灵深处的痛苦，多数情况下源自利益之争。完全不争不现实，也不是最佳态度，应当有一个正确的价值判断与价值取向，即入世的行为，出世的心态。也就是说，要追求现世的功利，但当无法获取时，还应当拿得起，放得下，不能耿耿于怀，形成自我扭曲的心态。

一个人要真正做到大气和心胸宽广，必须从基础做起。《大学》中所讲的"修身、齐家、治国、平天下"，实际上在此前还有"格物、致知、诚意、正心"，即"意诚而后心正，心正而后身修"。作为一个人，心诚很重要。这一点亦如司马光所说："君子所以感人者，其惟诚乎！欺人者，不旋踵人必知之；感人者，益久而信之。”因此他的学生刘安世讨教修身立业时，司马光要他从诚字上下工夫。我们每一个人要使自己真正做到大气和心胸宽广，要从真诚与正心做起。唯此，方可步入正道。

追求大气和心胸广阔，进而改变自己的处世方式和生活品位，需要在生活中细心品味，需要兼收并蓄，同时还应努力从古今中外优秀人士的行为中获得启示，以此保证精神、情趣不断得到升华，胸怀变得博大。

心胸宽广就是不要太在意小节，不要斤斤计较。正如古人所说：人前谁人不说人，人后谁人不被说。同事朋友间相互有些评价，包括不好听的评价，在所难免，只要不是恶意攻击就不要太在意。疑心生暗鬼，有些问题的产生，往往是由于太在意别人是否对自己有负面评价。平衡了自己的心态，明净自己的心灵，人变大气了，心胸宽广了，一些属于心理上而非器质上的疾病也就不再产生。

大气和心胸宽广，不仅来自修养，也来自物质基础。精神并非一定要按照宗教的形式完善，它还可以通过见识，通过物质基础来强化。坚实的物质基础能够渐进地开阔人们的心胸，让我们可以自信地应对各种挑战。有一次，我一军事代表团访美，美军一位旅长介绍情况时，指着世界地图说自己所辖的某个营部署在日本，某个营部署在韩国，并且毫不避讳地将部队的人员、任务等情况介绍给我们，甚至武器装备的性能参数都毫无保留，给人的感觉是底气十足。这个旅长的底气哪里来的？来自物质基础。列宁说过：“政治上的谎言，是虚弱的表现，政治上的诚实，是有力量的表现。”在军事上不加遮掩，相信也是因为强大到不需要遮掩的程度。与之相类似的，成就卓著者往往敢于揭开自己的疮疤给别人看，之所以有如此勇气，在于其原来的疮疤与现有的成就不成正比，某种意义上也是由于有了这些疮疤反衬出今天成就的可贵。相反，那些弱者总是极力掩遮自己的疮疤，之所以掩遮，当然源自底气不足。再比如，美国人举办的国内球赛，只要拉上几个邻近国家参加，就冠以“世界”二字。这也是美国人已经把自己视作世界警察，视作领导者的缘故。所以，我们应努力使自己从物质上强大起来，这是保证大气和心胸宽广的必要条件。

14. 烦恼源自何处?

大多数烦恼的产生，不在于外部事物有多大刺激性，而在于烦恼者身心素质的不健全。我们面对外部事物的侵袭，在接受程度上有一定的主动权，在理解认识角度上有一定的选择权，在自我心理排解上更有相当的自主权。如果不能对本无大碍的外部刺激潇洒地挥之而去，相反却总是为外部情况的变化所动，只能证明这个人心理承受能力的薄弱。为什么说天下本无事，庸人自扰之？道理即在于此。

由于心理素质的差异，有的人排解烦恼的能力强一些，有的人弱一些，但任何人都不可能把烦恼排除干净。人之所以无力完全排除烦恼，在于人的欲望与功利目的在起制约作用，当一种功利目标受阻之后，随之而来的是烦恼的产生。由此，人若想完全排除烦恼的侵扰，必须把自己置入一个无我、忘我，“四大皆空”的精神境界。然而，人间究竟能有几人六根清净、超脱凡尘呢?!

在人生的旅途中时时产生不满足并非坏事，从一定意义上讲这恰是人生的一大动力之源。不满足并非坏事，但解决不满足的途径处理不好便成为坏事，比如，当满足自己的不满足是以剥夺别人的满足为代价时，这个不满足就一定是坏事。

15. 如何避免自我心理扭曲?

要保证良好的心态，避免产生心理扭曲，前提是对社会有正确的判断。在任何国家和地区、任何环境下，彻底的和绝对的公正都是不存在的。对此应有足够的心理准备。

每一个人都必须对自己、对社会有正确的价值判断，学会调节自己的心理，平衡自己的心态。这其中包含两个方面：一是不能被动消极地祈求绝对的公平，我们拥有的只能是相对的公平；二是要正确判断和调节自己与社会的关系，要对自己有一个准确而又科学的定位，以保证我们为社会所接纳，为大众所认同。

媒体中天天都有成功者在大谈特谈成功之道与成功经验。从他们谈到的内容看，许多所谓的经验用到另外一个人身上未必适用，甚至适得其反。这是由于个体之间在教育背景、社会和家庭成长环境等方面存在的差异以及不同品行特性所致。由于他们已经成功，因而很容易得到社会大众的认同，故而讲什么、怎么讲似乎都是有理的，这也是游戏规则使然。所以，当今社会不是所有的规则都公平和科学，但社会毕竟需要规则，正所谓“没有规矩不成方圆”。我们期望规则尽快走向科学，作为成熟的社会也应当尽可能制定出相对合理的、大众认同的规则，但这个期望值不能太高，更不能建立于幻想之上。

宠辱不惊的心态，建立于对社会和历史发展规律的正确认识和判断之上。这种心境的外显行为，则表现在一些人对待进退去留的态度上。换句话说，假如你认清了人生、社会乃至历史的发展规律，就不会太在意自己，把自己看得极其重要，认为自己进退去留是不得了的事情。你要清楚地看到，不管自己多么重要，总是要退出社会乃至人生舞台的，到了该下场的时候仍然恋栈不走，或痛苦异常，都说明你的心境、心态还没有达到应有的水平。

我们必须对自己的品德才能有一个正确的判断，有一个客观而又公正的认定，以避免与社会发生错位，进而造成自我的心理扭曲。

人最难的就是对自己作出客观而又公正的评价。不公正就会造成社会角色错位。如果把自己看得很高，往往导致怨气产生，进而导致不能以平静的心态对待社会、对待他人。如此就会产生失落感，甚至出现扭曲行为。相反，如果对待自己能够低调一些，效果或许更好。这里讲低调，主要还不是依据或者迎合中国传统文化和大众心理、行为习惯中的中庸之道，不是让人藏拙，而是依据现实社会游戏规则作出的判断。

个体人的成就和作用的发挥，从来都不是绝对的，不是建立于纯粹的个人奋斗之上的。换言之，个人的努力必然要依附于某一特定的载体之上，最终形成社会价值。

16. 为什么要保持一种平民心态?

一个人只有摆正自己的位置，才能更好地创造良好的人文环境，才能保证自己拥有不竭的前进动力；而这一切的形成，最基本的前提是保持一种良好的心态，具体说是保持一种平民心态。

中国是个官本位的社会，从来都是“万般皆下品，唯有读书高”，读书高在哪里？高在可以及第入仕，可以封妻荫子。历代中国官员真正拥有平民心态的人不多，或者说不普遍，并且由此而影响到民众中也把人分成三六九等，工作分出高低贵贱，一旦高于别人就会拥有一种优越感。

造成官员缺乏平民心态，有文化传统和社会观念等方面的原因。

关于这一点，我们可以看一个典故。“头悬梁，锥刺股”的主人公苏秦是春秋时期的人，《战国策》记载：苏秦刚出道时到秦国游说，那时当官要靠游说，大致相当于今天的竞聘或自我推销。由于十几次奏章不成，最后灰溜溜地回到家中。因未当上官，妻子不下织机，嫂子不给他做饭，父母不同他说话。他长叹曰：“妻不以我为夫，嫂不以我为叔，父母不以我为子，是皆秦之罪也。”从此以后，他发愤读书，待到才能大长，自觉成竹在胸，再次去游说楚、齐、燕、赵、魏、韩六国，提出连横抗秦的主张，被六国采纳，于是身佩六国相印回家。这时的情况与上次迥然不同，父母出迎三十里，妻子不敢和他说话，只能“侧目而视，倾耳而听”，嫂子更是伏地而行，一连四拜谢罪。苏秦问其嫂："你以前那么傲慢，为什么现在如此谦恭呢?"嫂子回答："你现在地位显贵了，我们都怕你。"苏秦再次叹曰："嗟呼，贫穷则父母不子，富贵则亲戚畏惧。人生世上，势位富贵。盖可忽哉!"

如此环境氛围造就出来的人，怎能保证有很强的平民意识呢?怎能保证其不是"官大脾气长"呢?有许多官职并不是很高的领导干部，总喜欢把官帽祭起来，显然与这种环境氛围有关，似乎不祭起官帽来，就不像官，自觉缺乏官威，群众也不把你当成官。实际上，官帽祭得越高，人会越小、越低。如果从人格上把人高高地立起来，可以说人格越重，官威愈大，这其中的关系是辩证的。

在平民心态方面，我们的领导干部不如西方的官员做得好。电影《阿姆斯达》中，曾讲到美国第六任总统约翰·昆西·亚当斯，他在73岁的时候曾以律师的身份上公堂为50多名黑人辩护。作为美国费城会议上《独立宣言》主要辩护人约翰·亚当斯的长子，又当过美国总统，应当拥有充分的优越感，应当不屑为黑人辩护，然而他做了。法新社曾报道，英女王伊丽莎白二世之女安妮公主，因超速开车被警方罚款430英镑，尽管她没有在英格兰西部切尔腾纳姆的法庭上露面，但还是通过律师呈交了一封信，表示认罪、受罚，并对自己的行为向公众道歉。这在我们看来又是一件不可思议的事情。所有这些，假如没有一种平民心态作支撑，几乎是不可能的。

我们社会之所以拥有平民心态的领导干部不普遍，一方面是由于制定游戏规则的人与裁判是同一个人，另一方面以不对称的方式进行角力，结果必然使弱者无以生存，这种情况下，也不利于拥有权力者养成平民心态。

时至今日，由于改革开放和市场经济的发展，人们的平等意识、民主意识正在增强，平民意识也在得到强化。正在成长起来的新一代，与他们的父辈相比较，在平民意识上正在大大增强。

缺乏平民心态，从官德修养上讲也是不利的。有优越感的官员往往麻木，往往把民众视作低自己一等的草民，民众的疾苦也就很难再进入他们的感情世界。

只有修养一种平民心态，才会公正处事，才能换位思考，才能够保证为官者以良好的姿态立身于社会，进而得到公众的认同和拥戴。只有修养一种平民心态，才能坚守真正的职业道德，以此改善人们的社会行为。

17. 如何评价诚实和真诚？

诚实，似乎在当今社会成了“傻”的代名词，所以当我们评价某某人诚实、朴实的时候，这个人很可能被认定为傻。

是否诚实真的失去了容身之地？显然不是。人类总是有一些美德可以得到广泛认同，哪怕永远做不到，这其中应当包括诚实。有些人不再以诚实为美德，只能说是今天社会上出现了道德价值观紊乱的现象，而这种紊乱是不会永远下去的。倘若不是这样，人类社会就不会走向光明。

真诚在已经被异化了的当今人类社会，几乎成为一种奢侈的精神消费。为什么一种美好的、人类所向往的美德，原本易于表现，且并不需要花费多少代价，却成了稀有品呢？原因在于：资源相对有限与人类欲求的相对无限，决定了人与人之间存在着竞争，要获别人所不能获，要得别人所不能得，便无法付出全部的真诚，如此久而久之，人便再难回归到最初和原本。除此之外，异化了的社会反复向人们强化的是：百分之百的真诚所获得的可能是百分之百的伤害，既然如此，百分之百的真诚便只能存在于理想世界或心灵深处，或者存在于价值判断之中，而不是存在社会实践之中了。

18. 如何培养真善美的心灵?

胡适先生曾经讲到，中国人有三大毛病：缺乏爱心和恻隐之心，贪生怕死，不能见义勇为。这种判断一针见血。以《湖北日报》刊出的“我们为什么被屠杀”佐证。文章讲到抗日战争时期的一些史实，比如3000多名中国人被3名日本兵看管，大门未关，人未捆绑，结果没有一人敢于抗争，最后除一人逃生外全被杀死；日军第五师团在侵华战争中击溃或全歼中国军队70个师，超过其十几倍、几十倍；一位军委领导也讲到，他在家乡的县里，七八个日本兵，扛一挺机枪加几条步枪，就可以赶着全县几万人到处跑……这是何等的残酷，让人的心灵难以承载?!

70多年前的问题，到今天未必就解决好了。当前情况下，为什么大众忧虑爱心缺失、责任心淡漠、道德滑坡？这些社会问题的确严重。对于问题形成的原因，我们有必要予以追寻，以求在准确把握的基础上，找出改善之策。但这里更需要强调的还是如何从自身做起，从小事做起，也只有这样，才能保证把存在的问题逐步解决掉。

当一个人面对弱者的痛苦和不幸，表现出的是一种麻木并漠然视之的时候，就说明其缺乏爱心与怜悯之心，同时也就预示着他不可能成为改善社会的积极力量。

我们身边随时都会产生能够感动人的事情，关键是我们的心灵是否处在被感动状态。如果我们的心灵是麻木的，再美好的事物都可能被排斥。

感受美好事物的心灵不是或不全是先天而来的，它是靠后天不断修养而成的。有人说，文艺、体育界有些明星在帮助弱者方面，不管行动还是情感，表现得远没有人们期望的那样到位。关于这一点，根本原因在于，他们长期生活在一个良好的生活环境中，本有的美好的情感没有得到积极的维护，久而久之走向弱化，失去了对贫穷与痛苦的记忆，尽管当年他也有过拼搏的经历，也吃过许多苦。一位著名歌星曾这样大发宏论："我不愿帮助边远山区的孩子读书，主要是担心他们学得一点知识，知道外面的世界后，反而会产生更大的痛苦，这样还不如没有知识、没有欲望的好。"面对这样的谬论，我们完全可以说，如果一个人失去了对天性中美好事物的追求，他的价值观与人生理念就难免会出现偏差，难免会被扭曲。

19. 在现有条件下如何拥有持久的幸福感?

使自己产生持久的幸福感，很重要的方法是努力使自己的心态平和，同时多从积极的方面思考问题。

有人曾经作了一个很有意思的假设："如果今天早上你起床时身体健康，没有疾病，那么你比其他几百万人更幸运，他们甚至看不到下周的太阳了；如果你从未尝试过战争的危险，牢狱的孤独，酷刑的折磨和饥饿的滋味，那么你的处境比其他 5 亿人更好；如果你能随便进出教堂或寺庙而没有遭到任何威胁、暴行和杀害的危险，那么你比其他 30 亿人更有运气；如果你的冰箱里有食物，身上有衣穿，有房可住，有床可睡，那么你比世上 75% 的人更富有；如果你在银行里有存款，钱包里有票子，储蓄盒里有零用钱，那么你属于世上 8% 最幸运之人；如果你父母双全，没有离异，那么你的确是那种很稀有的地球人；如果你读了这封信，那么你就得到了一个双重的祝福，因为有人想到了你，而你并不属于那另外 20 亿文盲。所以，去工作而不要以挣钱为目的；去爱而忘记别人对你的所有不是；去跳舞只要自己欣赏，而不管是否有他人关注；去唱歌只要自己悦耳，而不要想着是否有人在听；去生活就像这世界便是天堂。"

在这段话中所列举的数字是否具有科学性并不重要，我们也未必真正达到这样的境界或具有这样的思维方式，但有一点是可以肯定的：心态积极，就一定能感受到人生之美。

人生境界的培养与远大目标的确立对于寻找幸福感也是极为重要的。一个人如果没有更远大的目标追求，没有更高尚的精神境界，面对欲望的刺激，一定难以控制自己。当一个人确立的目标很远大，并且为此做好充分的思想准备，他就不会被欲望压倒。要保证自己在滚滚红尘中不被诱惑打垮，最重要的是不断修炼自己的精神境界，使自己的生活品位和情操得以提高。

唯担当方能走得更远

——代后记

每个人能够走到今天，都一定有许多独到的人生感悟，甚至可以说每个人都是一本书。

第一，精神品质与价值追求决定着走向哪里和走多远

这一点不管是对单个的人还是对国家民族与政治集团，道理相同，规律一致。以国家民族为例。国家崛起于哪里？崛起于文明！只有立身于人类文明制高点起引领作用才敢言崛起。

现在全世界都在讨论中国崛起，据说英国铁娘子撒切尔夫人说过这样的话：现在谈中国崛起为时尚早，因为中国出口的是电视机而不是文化，中国尚未创造征服西方世界的文明成果和生活方式。我认为国家存在三个层次：三流国家出口产品，二流国家出口标准和规则，一流国家出口文化和价值观。相比较而言，创造力弱是我们的软肋。原因何在？这里还是借用梁启超先生的一句话：“中国人缺少高尚之目的。”

可以说，近代以来制约中华民族崛起的主要障碍是文化品质或精神品质。我们重感官享受，精神空间狭窄，导致创造力很弱。这里需要强调的是，我们党和国家不仅越来越强调文化软实力与社会主义核心价值体系建设，各地各领域也都在加强精神建设。

失去政治信仰的政治集团，表面强大却难掩内在虚弱。前苏共近2000万党员，一夜之间失去执政权力，没有人为此献出鲜血和生命。罗马尼亚曾经6个公民中拥有一位共产党党员，罗共总书记齐奥塞斯库逃跑之时，无一人伸出援助之手。对于单个人来讲更是这样。人的所有行为都是价值观念的外化，有什么样的价值观念便产生什么样的行为。

理论工作者如果没有相当的境界和责任意识，没有精力上的超量投入，不可能取得大的成就。按照德国哲学家雅斯贝尔斯的观点，公元前8世纪到公元前2世纪是人类文明的“轴心期”，这期间产生了一批影响人类文明进程的大思想家及大量光耀千秋的思想。用恩格斯的话说，那个时期的思想家研究了人类所有基本问题。尽管这样，我们仍然要说，作为崛起之中国，从跟着别人制定的规则跳舞到参与规则制定，从革命党转变为执政党，难免有大量新问题产生出来。只要尽心尽力，我们在人类思想理论领域应该大有作为，包括解决精神疲软和一定程度的信仰危机。有一次我到一个省给领导干部讲课，期间谈到自己信仰共产主义，下来有个老同志讲：“公教授胆子真大，当着那么多人竟敢讲自己信仰共产主义，我只敢在家对儿子说，出门就不敢说。”我问他：我们不是地下共产党员，为什么不敢说？“因为说出来没人信”。这说明我们出现了一定程度的信仰危机。危机并非一日形成，何不解决？不是党不努力，而是世界和中国都发生了巨大变化的情况下，我们没有获得理论突破。

要实现理论突破，不仅要投入大量的时间和精力，更要有担当精神和自我牺牲的勇气。人有三种状态：先行者、落伍者、守中道而不逾矩者。先行者要牺牲，落伍者遭淘汰，只有严守中道者最安全。先行者特别是思想领域的先行者之所以牺牲，是规律决定的。历史一再证明，要想成为一个思想者，你必须有作出牺牲的准备，这并不是说社会不宽容，而是执政者需要平衡，特殊情况下就是牺牲掉先行者。比如，当年希腊人把大思想家苏格拉底判了死刑，不久后悔了，怎么把这么一个伟大人物给杀了，于是又把告苏格拉底的人判了死刑。我十分认同中国近代学人陈寅恪的一句话："独立之人格，自由之思想"。独立思考和敢于表达思想是知识分子应有的品格，也是本分。

我还想强调，责任和担当决非说说而已，有时不仅仅靠勇气就能解决。我们往往为战场上的勇士所感动，作为我这样上过战场的人更有切身体会，虽然面对死亡表现勇敢实属不易，但激情之下和刹那间扑向死亡并不是想象的那么难，相比较之下，平常情况下敢于牺牲要难得多，因为这时所承担的并不仅仅是危险，还有诱惑。我们每个人都无法跳出利益，也未见得真正能够抗拒利益的诱惑，大多数情况下每个人面前都悬着一个馅饼或胡萝卜，如果目标就是这个馅饼或胡萝卜，顾忌就有很多。原本我们能做的事情就不是很多，如果再有诸多顾忌，很难真正成长起来。这就涉及人生选择、利益选择。甚至还可以说一句话，中国在不少历史时期，确实没有给担当者特别是思想者提供良好的环境或土壤，这就决定着中国的思想者必须有更大的勇气，以承受精神的重压。至于时下物欲横流，高尚总被庸俗击败，其坚守的难度自不待言。所以，没有一定的空灵，总在物欲中不能自拔，总是患得患失，也就不会真正去担当。

第二，只有自己去做才知道灵魂能走多远

在资助贫困学生读书问题上，有人曾问我，什么时间终止资助活动？我说两种情况可以停止：一个是我也进入贫困者的行列无力帮助别人，再一个是政府承担起全部的责任不再需要我的参与。

我们经常处于困惑之中，相比较而言，中国是一个更重道德的民族。以大学校训为例，我们历史悠久的大学的校训都强调道德，比如清华大学是“自强不息，厚德载物”。西方大学校训一般不涉及这个问题，哈佛大学的校训是“与柏拉图为友，与亚里士多德为友，更要与真理为友”。重于别人却在一些方面不如人家走得远，为什么？文化是成因之一。建立于小农经济基础上的道德，突出的是“五伦”道德，也就是熟人道德，并且私德重过公德。西方已经是“六伦”道德，也就是陌生人道德，这种道德显然更适合自由迁徙的社会形态。此外，我们缺少从灵魂归宿中生发出来的原动力，更多求助于他人的肯定和社会的奖赏，这样下来，行为就很容易受环境氛围的影响。为什么我们社会更容易产生道德作秀者？原因之一在于此。

以上并不是问题的全部，再往深处走，就不是逻辑推理所能解决的，只能求助于思想者深及灵魂的体验与感悟。在人类历史上，有两个思想家以《忏悔录》影响后人乃至世界。一个是公元4世纪末到5世纪初的神学大师奥古斯丁，另一个是18世纪的法国启蒙思想家卢梭。两本著作所以影响巨大，在于都进行着深刻的灵魂上的自我剖析。显然，要把自己所从事的精神、道德、核心价值观研究好，必须求助于自身实践，保证真切感知道德行为需要什么样的动力，过程中会遇到什么羁绊和怎样超越羁绊。

即使从纯功利角度讲，坚守道德，践行道德，对于一个教育工作者来讲不可或缺。我到各阶层、各领域讲信仰信念，讲核心价值观，讲品德修养，获得了较为广泛的认同。比如有人说大学中的思想政治教育最难搞，课最难讲，但是，我在北京大学的百年讲堂已经连续3年为学子们作演讲，每次2000人，现场都很热烈。我想，并不是因为我比许多人会讲，这个社会有口才、善演讲的人很多，之所以获得许多听众的认同，除了以心换心外，很重要的是阐述的道理来自于行动。我不是在教化谁，只是想通过自己的实践阐明，在我们的生活中还有一些精神空间需要开拓，还有一些价值更值得追求。

第三，品德修养是一个有始无终的运动

社会中诱惑人的东西很多，江泽民同志曾经说过，领导干部要“过三关”：权力、金钱、美色。人的欲望无限，克制不好会堕入万劫不复的深渊。为什么出现一些高官“前腐后继”奔监狱的现象？武则天在回答“杀了那么多贪官为什么还有人追随而去”的问题时曾说：“这叫飞蛾扑火，自取灭亡，人性的误区。”我想，人人都明白的道理，并不意味着人人都能坚守并避免步入误区，关键看是否找到克制欲望的方法和途径，这就涉及自律和他律。

他律或者说制度建设很重要，但最积极主动的还是自律。怎样才算创造了自律的精神状态？最重要的是忠实于自己的灵魂。说服别人或为自己的行为辩护，可以找出许多理由，说服自己或为自己的灵魂辩护，只需一条：灵与肉不背离。当我们做到了灵魂中的宁静平和，做到了宠辱不惊，也就拥有了自律的精神状态。至于途径和方法，我认为提升精神境界，也就是在精神世界找到兴奋点很重要，善于进行自我激励也很重要。人有三重境界：一个是为感人的事情所感动，不能麻木；高一个境界是以自己的行为感动别人，要做善事、做有益于社会的事；更高一个境界是为自己的理念和行为而感动，也就是自我感动，自我教化。唯有达到更高境界的人，才有希望抗拒各种诱惑。即使我们的修养无法达到宠辱不惊的程度，至少可以理解世间事物，“岂能尽遂人意，但求无愧我心”。

怎样才能找到精神层面的兴奋点，也就是真正弄清什么是价值和怎样获得价值，什么是幸福和怎样获得幸福？归结起来就是真正认清人生的本质及其意义。人无法完全超脱物欲，但决不能沉湎于功利之中，必须实现物质和精神的平衡，尤其要不断提升精神空间，丰富自己的精神追求。比如当官，由于官本位的价值观念根深蒂固，再加上官员的权力空间大，所以中国人普遍想当官。有人在北京做过一个问卷调查，60%以上的人想当官，并且想当市长以上的官。当官没有什么不好，但仅在意官位本身，一定是痛苦的，因为提拔后的快感其实维系的时间并不长，一旦平静下来，又会进入新的焦虑与痛苦的轮回。如果忘记当官意味着责任和奉献，提升很快的人未必不痛苦，因为他不一定是最有权的人，即使是最有权的人，也不一定是大众所真心拥戴的人，因此他无法获得由尊敬而来的价值感。这一点其实可以用另一个规律来佐证，金钱可以带来满足感，但不必然带来幸福感。2010年世界公布的幸福指数排名，最高的地区是拉美，最高的国家是哥斯达黎加。中国正在富裕起来，但中国人的幸福指数世界倒数，自杀率几近世界平均数的2.3倍，究其原因，在于迷失于物欲而无法获得灵魂归宿。

所以，古希腊哲学家德谟克利特曾作出这样的判断：人活着就是追求幸福和快乐，但物质层面的幸福和快乐是粗糙的原子运动，不能维持长久，甚至带来痛苦，唯有精神层面的快乐才会深刻而持久。所谓的自我激励，就是在社会褒贬中确立价值坐标和前进动力，从中找到前进方向，同时获得精神力量。

在转型期的中国，在功利主义严重的情况下，实现精神上的升华是一个很艰难的事情，必须反复强化不断提升；道德行为只有到了不是做给别人看，而是为了满足自己灵魂需要的时候，才敢言自觉，同时才拥有不竭的动力之源；高尚品德的形成，不会一蹴而就，必须长期修养，这是一场有始无终的运动，谁产生“船到码头车到站”的思想，谁就步入下坡路。人，上升需要理性，下滑只需放纵甚至是放松。

最后，借用19世纪英国社会学家斯宾塞的一句话来总结：在所有人都获得自由之前，没有人真正自由；在所有人都有道德之前，没有人真正有道德；在所有人都获得幸福之前，没有人真正幸福。让我们担负起属于自己的社会责任，去创造美好世界，成就美好人生。

公方彬

2012年10月

又 记

和此前出版每一本书时的心态和价值判断是一样的，本书还是无法让自己满意。

在我的头脑中，总是萦绕着许多念头或命题，并且一个个涌现出来，而看起来这些念头和命题似乎更有价值和魅力，事实上也一定更有价值和魅力，假如把有限的精力用作对其研究，或许更有一些成就感更好。

然而，由于修养的原因，仅仅是为了给自己的生活注入点什么，甚至就是为了搪塞那些关心着自己的朋友，还是把已经发表的文章作个集纳。

需要说明的是，文章在汇编过程中，并不是以发表稿为准，而是以原稿为准，同时做了适当编辑处理。这主要是考虑发表时，有的文章因为版面所限，很难全文发表，而出书，则是另一回事，尽管这可能不如发表出来的更精到。同时，由于较长时间以来一直围绕核心价值观展开研究，因而很难避免因角度不同而使个别观点重复阐述。因重复阅读而浪费读者宝贵时间，在此表示歉意。

仍然是那句话，只要你希望我拿出更多有品位的作品，那就请你多批评。

公方彬

2012 年 10 月于国防大学